LA FAMILLE

DE LA FARELLE

AU BAS LANGUEDOC

ET EN PICARDIE

Notes Historiques et Généalogiques

d'après les documents originaux inédits

PAR

Prosper FALGAIROLLE

Membre de la Société Française d'Archéologie
et de l'Académie de Nîmes

ALAIS

Imprimerie J. Martin, J. Brabo, successeur

1896

LA FAMILLE

DE LA FARELLE

DU MÊME AUTEUR

Mémoires pour servir à l'Histoire de la Ville de Vauvert et de ses environs, d'après les documents originaux inédits.— Un vol. in-12 de 320 pages.— Nimes, A. Catélan, éditeur, 1881. (Epuisé).

La Maison d'Autheville en Vivarais et au Bas-Languedoc. Etude historique et généalogique, avec deux planches de blasons.— 1 vol. grand in-8° de 80 pages.— Avignon, Seguin frères 1884. (Epuisé).

Le Chevalier de la Farelle et la prise de Mahé, d'après une publication récente. — Brochure gr. in-8° de 12 pages.— Nimes, Gervais-Bedot, éditeur, 1887.

Le Marquis d'Aubais, célèbre érudit du XVIII° siècle, et ses lettres autographes inédites.— 1 vol. in-8° écu, de 132 pages.— Clermont-l'Hérault, Saturnin Léotard, éditeur, 1887.

Notes historiques et généalogiques sur la famille de Rovérié de Cabrières, d'après les documents originaux tirés de ses archives domestiques et des dépôts publics, avec cinq planches de blasons.— 1 vol. gr. in.8° de 260 pages. — Montpellier, imprimerie Centrale du Midi, 1890.— Tiré à 15 exemplaires numérotés pour la famille. (Non mis dans le commerce).

Lettres intimes de Monseigneur Cohon, évêque de Nimes. — 1 vol. gr. in-8° de 64 pages, avec une phototypie. — Nimes, Gervais-Bedot et André Catélan éditeurs, 1891.

Notice sur la famille de Solmes de Vérac. — Brochure in-12 de 16 pages. — Bergerac, 1893.

L'Abbaye de Franquevaux aux deux derniers siècles, d'après les documents originaux inédits. — 1 vol. gr. in-8° de 74 pages. — Nimes, Gervais-Bedot et A. Catélan, éditeurs, 1894.

Une fête à Vauvert en 1771. — Brochure gr. in-8° de 10 pages. — Nimes, imprimerie Générale, 1895.

LA FAMILLE
DE LA FARELLE

AU BAS LANGUEDOC
ET EN PICARDIE

Notes Historiques et Généalogiques
d'après les documents originaux inédits

PAR

Prosper FALGAIROLLE

Membre de la Société Française d'Archéologie
et de l'Académie de Nimes

ALAIS
Imprimerie J. Martin, J. Brabo, successeur

—

1896

« Les généalogies vraies sont aussi essentielles à l'histoire que les cartes géographiques. Elles apprennent à
connaître l'origine des hommes, comme les cartes apprennent la connaissance des lieux. Elles ont encore l'avantage
de servir essentiellement à rectifier les historiens, parce
qu'elles font connaître les personnes dont ils parlent, et
constatent un très grand nombre d'évènements par leurs
circonstances et par leurs dates, qu'ils ignorent et qu'ils ne
se donnent pas la peine de chercher ». [1]

Ainsi s'exprimaient le marquis d'Aubais, célèbre érudit
du XVIIIᵉ siècle, et Léon Ménard, le savant auteur de
l'*Histoire de Nimes*, et ce langage qui date de plus de cent
ans, est encore plus vrai à notre époque, où les études
historiques ont fait d'immenses progrès.

On ne se contente pas seulement de rechercher tout ce
qui peut éclairer l'histoire de notre patrie, d'une province
ou d'une ville. On exhume aujourd'hui les vieilles archives seigneuriales qui dormaient dans les chartiers des
manoirs, ou bien au fond des armoires poudreuses des
tabellions d'autrefois.

C'est ainsi que nous avons vu éclore ces *livres de raison*,
dans lesquels les mœurs de nos pères, leurs labeurs et

---

1. D'AUBAIS ET L. MÉNARD. — *Pièces fugitives pour servir à
l'histoire de France*. — Paris, Chaubert, 1759, T. I, partie première,
préface.

leurs joies, les évènements domestiques auxquels ils ont été mêlés, sont décrits avec ce style familial qui n'est pas sans charme, monographies intéressantes que les historiens futurs mettront en œuvre pour nous donner une histoire définitive de notre patrie.

Nous ne_prétendons pas, cependant, que les simples *Notes historiques et généalogiques* sur la famille de la Farelle, soient une œuvre de grande importance. Au cours de nos recherches dans les *archives départementales* du Gard et de l'Hérault, dans les *archives communales* de Nimes, d'Aimargues, de Vergèze, d'Anduze, du Vigan et de Lasalle, et dans les minutes notariales de ces différentes villes, nous avons relevé de si nombreuses notes sur cette famille, que l'idée nous est venue de les coordonner pour en écrire une notice détaillée, que nous livrons au public érudit.

En l'écrivant, nous nous rappelions nos courses dans les Cévennes, à travers ses vallées agrestes et ses pittoresques montagnes, et la sévère architecture du petit donjon de la Farelle [1], berceau de la famille dont nous essayons de retracer l'histoire.

Vauvert, le 18 Janvier 1896.

---

1. La Farelle, à quelques centaines de mètres de Saint-Bonnet-de-Salindrenque, près Lasalle (Gard), est aujourd'hui une simple ferme, qui n'a conservé de son passé féodal qu'une vieille tour ronde, adossée à ses bâtiments rustiques. On a découvert, il y quelques années, dans son voisinage, un linteau de porte en pierre de taille, sur lequel est taillé un écusson dont les figures ont disparu.

LA FAMILLE DE LA FARELLE

BRANCHE AINÉE

Cette famille est d'origine chevaleresque, puisqu'elle a possédé des fiefs nobles dès le commencement du xive siècle. Ses membres furent seigneurs de Saint-Jean-de-Valériscle [1], Tharaux [2], La Blaquière [3], La Rouvière [4], Vedelin [5], Mercou [6], Camasso, [7], Puechsegal [8], Puechgaren [9] et Aumes [10].

Ses alliances les plus notables sont avec les maisons d'Assas, d'Aigrefeuille, de Castelviel, Del Puech, de Nogarède, du Ranc de Vibrac, de Ginestous, de Malmazet, de Combier, de Roys, de Barjac, de Fujol de Vébron, de Robert de Caveirac, de Graverol, de Guibal, de Maystre, de la Nogarède de la Garde, de Vignol-

---

1. *Saint-Jean-de-Valériscle*, canton de Saint-Ambroix (Gard).

2. *Tharaux*, canton de Barjac (Gard).

3. *La Blaquière*, canton d'Anduze (Gard).

4. *La Rouvière*, canton de Valleraugue (Gard).

5. *Vedelin* ou *Védelenc*, ferme, commune de Nîmes.

6. *Mercou*, hameau de la commune de Saint-Julien-de-la-Nef (Gard).

7. *Camasso*, ferme, commune de Rogues (Gard).

8 et 9. *Puechsegal* et *Puechgaren*, commune de la Rouvière (Gard).

10. *Aumes*, commune du canton de Montagnac (Hérault).

les, de Nogaret de Calvisson, de Bonijol du Brau, de Fontanieu, de Jouenne d'Esgrigny, Garnier de Granvilliers, de Boisson de Bagard, du Plessier, de Fornier de Clausonne et Mazars de Mazarin.

Plusieurs de ses représentants ont brillé dans la magistrature, l'armée et les lettres.

Son nom patronymique a pour synonyme *Farelo, la Farello* qui, en languedocien, signifient phare ou petite tour ; ce qui indiquerait que ses armes sont parlantes. Ses armoiries se décrivent ainsi : d'azur à une tour d'argent surmontée de quatre tours aussi d'argent et maçonnées de sable [2].

Cette famille a formé quatre branches principales, toutes éteintes aujourd'hui dans leur descendance mâle. Elle fut confirmée dans sa noblesse, par jugement souverain, rendu par M. de Bezons, intendant du Languedoc, le 16 janvier 1669 [3].

1. DE SAUVAGES. *Dictionnaire languedocien*, T. I, page 322.

2. LA CHESNAYE DESBOIS. *Dictionnaire de la Noblesse*, T.VI, p. 252.

3. *Le catalogue général des gentilshommes de la province du Languedoc, dont les titres de noblesse ont été remis devant M. de Bezons... intendant... du Languedoc;* lesquels titres de noblesse ont esté confirméz par jugement souverain du dit Sr de Bezons — par le Sr HENRI DE CAUX — Pézenas, J. Martel, imprimeur, M. DC. LXXVI, porte ce qui suit p. 18 ; (Diocèse de Nismes) :
« Du 7 janvier 1669. Nobles Jean de la Farelle, seigneur de
« Marcou, diocèse de Nismes, Claude de la Farelle Sr de la
« Foux et Fulcrand de la Farelle frères, Jacques de la Farelle
« Sr de la Plane et Annibal de la Farelle demeurant au Vigan,
« diocèse de Nismes, Claude de la Farelle, docteur et advocat de
« Nismes, seigneur de Vedelenc, ses titres de noblesse ont été
« confirmés par jugement souverain, M. de Héricourt rapporteur... »
A la page 83. (Diocèse d'Agde) :
« Du 7 janvier 1669. Nobles Antoine de la Farelle, docteur
« ès-droits, conseiller du roy, son baillif et juge de Montagnac,
« diocèse d'Agde reconnaissant pour ses enfants : Félix, Gabriel,
« Philippe, Guillaume et Claude de la Farelle, Pierre de la Farelle,
« frère du dit Antoine, habitant du dit Montagnac, leurs titres de

Ce document nous permet d'établir les six premiers degrés de la filiation authentique depuis :

I

Bertrand de la Farelle, qui fit un codicille le 7 juillet 1320, devant Paul Majoris, notaire; il se maria avec *Billette* DE ROQUEDUR (Ruppe Dura) [1], dont il eut les enfants suivants :

1. *Pierre* qui continua la descendance;

2. *Louis*, que nous trouvons témoin, en novembre 1369, d'un acte passé au sujet des fortifications de Villefort [2]; il est encore témoin du testament de noble Isabelle de la Garde, veuve de noble Guilhaume de la Redonde, seigneur de Brizis (5 octobre 1370) [3].

Louis donne à nouvel achat à Jean Cabrol, un casal confrontant les terres de noble Raimond Pelabarbas et le canal qui descend de Cubiérette (8 avril 1374) [4]. Il reçut le 7 octobre suivant, d'Arnaud de Canet, prieur de Gourdouze et vice-official d'Uzès, à Genolhac, l'ordre de reconnaître à M. Richard Arnulphe, prieur de Gravières, une censive de blé, de poules et de gingembre pour la chapelle de tous les saints [5]. Nous le voyons passer un échange avec Hugues de Cubières, seigneur du Cheylard. A cette

---

« noblesse ont esté confirméz par jugement souverain, M. de « Héricourt rapporteur... »

Le catalogue des gentilshommes de Languedoc (1675) manuscrit déposé aux archives départementales de l'Hérault, et publié par M. de La Roque dans son *Armorial*, porte aux diocèses de Nîmes et d'Agde les mêmes noms.

1. *Archiv. départementales du Gard*, E. 481. Reg. de J. Dupasseur, not. à Génolhac, (1374 à 1375) f° 97, v.

2 et 3. *Ibid.* E. 480. Dupasseur not. reg. 1366 à 1371.

4 et 5. Même registre.

occasion, il reçoit de noble Jean Hérail seigneur de Brésis, le lods de la propriété échangée (3 mars 1375) [1]. Le lendemain, Louis de la Farelle fit une quittance de trente florins d'or audit Jean Hérail [2]. Le 23 mars suivant il fut témoin d'une vente de biens sur lesquels il avait une censive [3].

3. *Eralhane* [4], qui ratifie, le 4 mars 1375, une vente faite par noble Louis de la Farelle, son frère, à noble Richard Arnulphe, recteur de l'église de Saint-Victor-de-Gravière [5].

II

Pierre DE LA FARELLE, marié à *Delphine* DE LA FARELLE. Par son testament du 23 septembre 1347, Delphine désigne son mari comme héritier universel, sous la condition de rendre son héritage à leur fils Armand [6].

Pierre et Delphine laissèrent :

1. Armand qui suit ;

2. *Pierre*, nommé avec ses deux filles, *Delphine* et *Louise*, au testament de Jean, son neveu.

3. *Vierne* qui se constitue une dot, en sa qualité de fille et co-héritière de feu noble Pierre de la Farelle, de St-Jean-de-Valériscle, à l'occasion de son mariage avec *Vidal* NOGARET, clerc, fils de feu Guilhaume Vincent Noga-

---

1. *Arch. dép. du Gard*, E. 481, f° 95. (... et nobili Ludovici de Farella, filius... nobil. Bertrand. De Farella..)

2 et 3. Même registre.

4. «... nob. Eralhano filia nob. Bertrand. de Farella et nob. Billet. Rupe Durœ... » (f° 97, v. du reg. E. 481.)

5. Même reg. et f°.

6. *Jugement de maintenue de noblesse*, du 7 janvier 1669.

ret, habitant Genolhac; noble Pierre Barjac fut témoin de cet acte passé à Auzon (3 décembre 1374) [1].

III

Armand DE LA FARELLE, co-seigneur de Saint-Jean-de-Valériscle, testa le 23 août 1361 (M° Bousquet, notaire), en faveur de noble Jean, son fils. Par cet acte, Armand ordonna la fondation d'une chapelle dans l'église de Saint-Jean-de-Valériscle [2].

IV

JEAN DE LA FARELLE

SEIGNEUR DE SAINT-JEAN-DE-VALÉRISCLE

Jean I DE LA FARELLE, damoiseau, épousa, par contrat reçu Pierre Nutriti notaire, *Catherine* DE LA ROVIÈRE, qui lui apporta la terre de la Rovière, située dans la paroisse de Saint-Bonnet-de-Salindrenque, près de Lasalle. Les deux époux faisaient souvent leur résidence dans ladite terre qui prit, depuis lors, le nom de la Farelle.

Jean de la Farelle fit un premier testament à Anduze, le 12 septembre 1391, par devant M° Jean Hélysée, notaire de cette ville [3].

Cet acte contient des détails tellement intéressants que nous allons l'analyser.

---

1. *Arch. du Gard*, E. 481, f° 64 (... nobil. Vierna fil. et her. nob. Petri de Farella, de Sancti Johan. de Valeris... »

2. *Jugement de maintenue*, loc. cit.

3. Jean Helizée not. — Reg. de 1391, f° 116 (Etude de M° Gervais, not. à Anduze).

Le testateur, sain d'esprit et de corps [1], élit sa sépulture au cimetière de l'Eglise de Saint-Jean-de-Valériscle, donnant à cette église un franc d'or.

Il lègue au curé de ladite église cinq sols tournois et à chaque œuvre de piété un gros d'argent; aux œuvres de piété de Saint-Bonnet, un franc d'or, aux œuvres des églises de Sainte-Marie de Soudorgues, de Saint-Brice de Colognac, de Saint-Pierre de Lasalle, de Saint-André de Valborgne et de Sainte-Croix de Caderle, 5 sols tournois.

Il veut qu'on célèbre 500 messes pour le repos de son âme dont : 100 à Saint-Jean de Valériscle, 100 à Saint-Bonnet de Salindrenque, 100 à Saint-Etienne d'Anduze, 100 aux Frères Mineurs de cette ville, 50 aux Frères prêcheurs d'Alais, 50 aux Frères Mineurs de cette ville, et à chacune de ces églises il donne un gros d'argent sans repas.

Il lègue à la mense des pauvres des Frères mineurs d'Anduze un franc d'or pour un repas, sous la condition de célébrer des messes pour le repos de son âme, pareille somme et sous la même condition aux Frères prêcheurs, aux Frères mineurs et aux Sœurs mineures de Sainte-Claire, d'Alais; à la charité de Saint-Jean de Valériscle un setier de blé, aux œuvres de Saint-Victor de Malcap 5 sols tournois.

Il veut que dans la semaine de son décès, il soit fait dans l'église de Saint-Bonnet un service solennel ou chanté (unum cantare) par trente prêtres, tant religieux que séculiers, et à chacun d'eux il sera donné vingt-deniers tournois et un repas.

Il veut ensuite que l'on distribue à la porte de Saint-

---

1. « ... Ego, Johannes de Farella, domicellus, habitator parrochie Sancti Boneti de Salendrenca, sanus, per Dei gratiam, mente et memoria et corpore... »

Bonnet aux pauvres de Jésus-Christ, cinq setiers de blé et six cordes de chanvre.

Il lègue et assigne à perpétuité pour la fondation d'une chapelle, dans l'église de Saint-Jean de Valériscle pour le repos de son âme et celui de sa femme Catherine de la Rovière et pour leurs parents [1], quatre francs d'or par lui achetés à Guérin d'Alègre, seigneur de Bouquet, trois emines froment censuels, des cens et des revenus qu'il a sur deux moulins et divers particuliers, une maison située dans le lieu de Saint-Jean *in-barrio*, où le chapelain qui desservira la dite chapelle aura sa chambre, un jardin sis au dessous du château, une vigne appelée Gensane et d'autres propriétés et revenus qu'il serait trop long d'énumérer.

Il entend que cette chapelle soit desservie par messire Pierre de Ranc, prêtre de Saint-Jean, et s'il est mort à son décès, par un autre prêtre dudit lieu, que le prieur et son héritier universel choisiront; il désigne comme patrons de ladite chapelle son héritier et le prieur de Saint-Jean.

Il lègue aux hommes du mandement de Saint-Bonnet-de-Salindrenque son armure (meum Jaque) pour garder la forteresse dudit lieu.

Il ordonne que Jean Aygo dit Pelet, son régisseur de Saint-Jean-de-Valériscle, soit logé, nourri et vêtu, aux frais de son héritier, et il veut qu'à son décès le dit Aygo n'ait à rendre aucun compte, et ne soit en rien recherché pour sa gestion.

---

1. « ... Item, lego de bonis mei, statuo et assigno, nunc et per in « perpetuum pro una cappelania deservienda et contenda post « mortem meam, in ecclesia sancti Johannis de Varaliscle pro « anima mea et pro anima Katarine de Roveria, uxoris me et pro « animabus omnium benefactorum meorum et diite Katarine « uxoris mee... »

Il lègue encore à dame Galburge des Trois-Fontaines, religieuse, deux deniers d'or; à Alissende de Saint-Jacques-des-Monts, sa cousine germaine, 60 florins d'or sur les 120 que feu Pierre de Saint-Jacques son père lui devait.

Il fait son héritier universel le fruit du ventre de sa femme. Si le dit enfant meurt sans enfants ou bien s'il n'a pas d'enfants de sa dite femme, il institue pour son héritier Pierre de la Farelle, damoiseau, son oncle, et lui substitue de l'une à l'autre ses cousines Delphine et Louise de la Farelle, filles du dit Pierre [1].

Et si les dites Delphine et Louise meurent sans postérité légitime il veut que la disposition apposée au testament de feu Armand de la Farelle, damoiseau, son père, qui entend que de tous ses biens il soit fait une chapelle dans l'église de Saint-Jean, vienne à effet dans la forme fixée par son dit père, et que cette nouvelle chapelle soit indépendante de celle qu'il vient de fonder lui-même.

Enfin il donne à sa femme toutes les sommes qu'il aura, tous ses animaux, tous les biens et revenus qu'il possède à Saint-Jean, exceptés ceux qu'il a donnés pour la fondation de sa chapelle, tous ses vêtements et robes, tous ses joyaux et 60 florins d'or, et il la dispense de tout inventaire et de toute reddition de comptes.

Il établit ses exécuteurs testamentaires : le gardien du couvent des frères mineurs d'Anduze, le prieur du couvent des frères prêcheurs d'Alais et Guillaume Alber-

---

1. « ... Et si dictus partus... in pupillari etate vel postea
« quandecumque, substituo sibi Petrum de Farella, domicellum,
« patruum meum et suos... Et si contingebat dictum Petrum de
« Farella, domicellum, mori quandocumque sine prole legitima...
« substituo sibi Delphinam filiam suam, si eo tunc viveret...
« substituo sibi Ludovicam de Farella, filiam dicti Petri de
« Farella, patrui mei...»

goti, prêtre d'Anduze, auxquels il lègue deux deniers d'or.

Ce testament fut reçu dans la maison du notaire Hélisée, en présence de messires Antonin Valette de Cledes, prieur de Cassagnoles, Raymond de Durfort, prieur de Maruéjols-lès-Gardon, Pierre de la Roche, prieur de Générargues, Hugues Issartel damoiseau, Raymond de Montgros, damoiseau, seigneur de Masaribal, Mᵉ Bertrand Bidos, juge, Jean Folquier, Jean Gervais, et Bernard Gayran, d'Anduze.

Jean I de la Farelle, dans son second testament, reçu par Begon, notaire, le 22 mai 1427, se qualifie seigneur des lieux et juridictions de Saint-Jean-de-Valérisclé et de Saint-Martin-de-Corris (?) et fait ses héritiers universels et généraux nobles Eustache et Armand de la Farelle, ses fils [1].

En 1454, *Eustache* DE LA FARELLE, était co-seigneur de Saint-Jean-de-Valérisclé et Allègre, et Armand, son frère, possessionné à Saint-Bonnet-de-Salindrenque [2], ce qui nous prouve que dans le partage de la succession de leurs père et mère les terres situées à Saint-Jean et dans les environs, échurent à Eustache et celles de Saint-Bonnet à Armand.

Eustache eut pour fils *Bertrand* DE LA FARELLE, co-seigneur de Tharaux [3], en 1501, lequel laissait aussi trois fils :

a Noble *Pierre* DE LA FARELLE, écuyer, co-seigneur de

---

1. *Jugement de maintenue*, loc. cit.

2. Notariat de Sauve ; *notes* de M. Acu. BARDON, notre savant confrère de l'Académie de Nimes.

3. THARAUX, canton de Barjac (Gard). Cette seigneurie apparte-nait, en 1560, à Thomas de Tuffet, et quelques années après aux de Georges qui devinrent plus tard seigneurs et barons de Lédenon.

Tharaux. A part cette seigneurie il possédait des biens nobles à Saint-Jean-de-Valérisclc (1549) et à Rochegude (1550) [1].

Il inféoda, le 29 janvier 1557, deux vignes à Raymond-Pellet [2].

Pierre avait épousé *Adrienne* DE CHALENDAR [3] fille de Guiguon et de Pétronille Le Franc de La Motte. De ce mariage naquit une fille unique *Anthonie* de la Farelle qui passa, en 1558, trois actes intéressant la succession de son père [5].

b Antoine, chanoine-sacristain en l'église cathédrale de Viviers [6] ;

c Guillaume, chanoine de la même église [7].

---

1. *Archives du Gard*, série C.

2. Ibid. E. 469, f° 78.

3. DE CHALENDAR, porte : *De gueule au lion d'or, sa dextre sur-montée d'une étoile d'or.*

4. RAYMOND DE GIGORD. *Le mandement de Joanas et ses seigneurs.* 1891, p. 211.

5. « Lan et jour susdict (9 août 1558), establye en personne, « noble Anthonia de la Farelle, filhe et gouvernante en la mayson « et affaires de feu Pierre de la Farelle, co-seigneur quand « vivoyt de Taraux, laquelle sçachant le d. feu Pierre de la « Farelle, son père, avant son trespas, avoir receu de Raymond « Bollet, 4 livres tournois pour les intérests de deux vignes « baillées à nouvel achiept par le d. feu Pierre de la Farelle, le « 29 juin 1557... »
(Arch. du Gard, E. 469 f° 77, v. et 78 v.)

6. « L'an 1558 et le 22° septembre, damoiselle Anthonia de la « Farelle, filhe et héritière de feu Pierre de la Farelle, co-seigneur « de Tharaux, en son nom et comme ayant charge de Monsieur « Anthoine de la Farelle, sacristain de l'esglise cathédrale de « Viviers... etc... »
(Arch. du Gard, E. 469, f° 140)

7. « Lan 1558 et le 22° septembre, demoiselle Anthonia de la « Farelle, fille et héritière de feu Pierre de la Farelle, co-seigneur « de Taraux, laquelle en son nom que des autres héritiers et « comme ayant charge de noble Guillaume de la Farelle, cha-

V

ARMAND DE LA FARELLE

IIᵉ DU NOM

Armand II DE LA FARELLE, damoiseau, se maria par contrat, reçu Barnier, notaire, le 11 juillet 1437, avec *Magdeleine* DE CASTANET, qui testa, étant veuve, le 10 décembre 1489, (André, notaire,) instituant pour son héritier universel noble Jean de la Farelle, son fils.

Nous pensons qu'*Antonia* DE LA FARELLE, qui épousa noble *Jehan* D'ASSAS DU CAYLOU, et qui mourut avant 1490, époque du second mariage de son mari, était fille d'Armand de la Farelle et de Madelaine de Castanet.

VI

JEAN DE LA FARELLE

IIᶜ DU NOM, SEIGNEUR DE LA FARELLE

Jean II DE LA FARELLE, nous est connu par plusieurs actes, dont aucun malheureusement ne donne le nom de sa femme.

C'est ainsi qu'il vendit à Salveur Duranc [1] une rente de quatre cestiers froment et toutes les rentes et directes qu'il avait sur les mas de Vibrac et de Sambuc, pour le prix de 22 livres [2] (1490).

« noyne de lesglise cathédrale de Viviers... baille à François « Vincent une vigne... etc... »

(*Arch. du Gard*, E. 469, fᵒ 140 v. et 141)

1. Salveur, auteur de la maison du Ranc de Vibrac.

2. A. DE CAZENOVE. *Sommaire des actes de la baronnie de Vibrac* (Ant. de Claris, notaire fᵒ 92).

Il donna à nouvel achat, par acte du 30 décembre de la même année, à Robert Ruphi, prêtre de Sommières, deux terres acquises de Jean et Nadal Morier, du lieu de la Rouvière [1].

Jean de la Farelle dénombra au roi, tous ses biens nobles, le 18 janvier 1503 (1504) [2].

Il eut les enfants suivants :

1. *Jean III*, qui continua la branche aînée ;
2. *Gabriel*, qui a formé la branche du Vigan ;
3. *Antoine*, moine de l'abbaye de Saint-Pierre de Sauve [3] ;
4. *Louis*, bachelier es-decrets, vicaire de Saint-Pierre-de-Taleyrac, en 1500 [4].
5. Une fille dont le prénom est ignoré qui épousa vers 1495, *Antoine* DE CASTELVIEL [5], seigneur de Fromental, fils de Pierre et de Marguerite de Pont de Serres. Les deux époux moururent jeunes, et Jean II fut nommé tuteur de leurs enfants; c'est ce qui ressort des actes suivants, de 1508, 1513 et 1520 :

« Anno 1508 et die XXI mensis.....

« Ego Petrus de Castroveteri, mensi de Fromentallo, condo et ordino meum testamentum....,

« Leguo, etc. etc.

« Item sciens liberos Anthonii quondam filii mei esse impuberes et in œtate pupillari, constituo tutores testa-

---

1. André, notaire à Saint-Hippolyte-du-Fort. Reg. 1469-1490.

2. *Maintenue de noblesse*, loc. cit.

3. Notariat de Sauve (*Notes* de M. Bardon, loc. cit.)

4. *Notes* de M. Boiffils de Massanne, notre confrère de la Société française d'archéologie.

5. DE CASTELVIEL, a pour armoiries: *D'azur au château d'argent sur une roche de même* (A. DE LA ROQUE. *Arm. de Languedoc*, T. I, p. 127).

mentarios nobilem Johannem de Farela avum maternum liberarum et L. de Castroveteri heredem meum [1]..... »

« Anno 1513 et die X mensi Aprili.

« Nobilis Johannes de Farela parochie Sainti-Boneti de Salendrenca tutor testamentorius liberum nobilis Anthonii de Castroveteri mansi del Fromental, et nobilis Anthonius de Castroveteri filius prefati quondam Anthonii de Castroveteri, nepos sive felzenu dicti nobilis Johannis de Farela ejus tutoris.

« Volentes in legitimum matrimonium nobilem Marcellinam de Castroveteri filiam dicti quondam Anthonii sororem Anthonii presentis, ac neptem dicti Johannis de Farela [2] ».

Enfin un autre acte de 1520, dit : « ..... Nobilis Anthonius de Castroveteri..... anthoritate nobilis Johannis de Farela tutoris sui [3] ...... »

D'autres documents nous feraient supposer qu'à part les quatre fils cités plus haut, Jean II de la Farelle en a eu un cinquième : Noble Légier de la Farelle auteur des branches de Nimes et d'Anduze. Mais nous n'avons pu trouver aucune preuve de ce rattachement. Pourtant la nomination du recteur de la chapelle de Saint-Jean-de-Valériscle par les membres de la branche de Nimes, aux XVIIe et XVIIIe siècles viendrait à l'appui de notre supposition.

---

1. Testament reçu par Jean Pons, notaire de Ganges. (*Archives de la famille de Massanne*).
2. Mêmes archives.
3. Mêmes archives.

VII

JEAN DE LA FARELLE

IIIᵉ DU NOM

Noble *Jean III* DE LA FARELLE apparaît, dès l'an 1528. Par un instrument notarié du 20 juillet de cette année, il requiert contre André Castanet qui, ayant acheté plusieurs immeubles relevant de la directe de sa terre de la Farelle, ne lui a pas demandé l'investiture [1].

C'est lui qui envoya à son ami Jean Serre, seigneur de Fromental, près Sumène, la lettre suivante qui est d'autant plus curieuse qu'elle est écrite en langage cévenol.

« Jhus,

« Mon bon amich sen [2] Serre, ieu me recomande à vos. Chasque nos autres sen [3] bé bon peuch [4] per la gracia de Dyou à la quala playse que syas vos autres.

« Pregue vos que fasas baylar al roergue [5] de Colonach x x b... per mosser [6] lo viger [7] de Vielavillo [8] al rentyé del Fromental, he moss lo vyger, vos fara quittansa di x x x x florys.

« Pregue vos que los ly faysas baylar lo x x b. lo x x per nostra dama sans faly.

---

1. Gancelin Calvin, notaire à Anduze. Reg. 1528, f° 198.
2. Sieur.
3. Sommes.
4. Portants.
5. Régisseur.
6. Monsieur.
7. Viguier.
8. Villevieille.

« Autro chauso non say que vos escrieure, mas de Dyou syan [1].

« Vos me dona he la bo de [2], Sere, coma dona à nos autres.

« Escrich à la Farela lo VIII jor de setembre.

« Lo tot vostre.

« Jhon de la Farela. »

Au dos : « A mon bon amich sen Serre à Sumena. »

Jean de la Farelle intervint, le 21 décembre 1550, dans la reconnaissance que son fils Gilles de la Farelle, fit à son beau-père noble Jean d'Assas, seigneur de Marcassargues pour la dot d'Anthonie d'Assas, fille dudit d'Assas [3].

Jean III de la Farelle épousa *Charlotte* DEL PUECH (de Podio) qui le rendit père de huit enfants.

Il testa au mas de la Farelle, le 10 octobre 1564, étant très malade [4].

« ... Après avoir invoqué le nom de Dieu.... a protesté en premier lieu qu'il veut vivre et mourir en lunyon de la foy telle que nous lavons en la sainte parolle de Dieu et persévéré jusques à la fin en lespérance de salut qui nous est acquis par Notre Seigneur Jésus Christ.... » Il veut que son corps soit enterré au temple de Saint-Bonnet-de-Salindrenque. Il lègue à la mense des pauvres du dit lieu 6 livres. Il donne et lègue par droit d'institution et portion héréditaire à nobles Antoine, Jehan et Gaspard de la Farelle ses fils, 150 livres à chacun le jour de leur mariage ; à nobles Jehanne, Marguerite et Folcrande de

---

1. Soyons de Dieu.

2. Vous me donnez le salut, je vous le donne.

3. Salignac, not. à Lasalle. Reg. de 1550, notariat de Saint-Hippolyte.

4. Ant. Deleuse, notaire à Anduze. Reg. de 1564, f° 149 à 152.

la Farelle ses filles, à part ce qu'il leur a constitué en leur
contrat de mariage, et à chacune, une robe drap de maison à 45 sols; aux enfants de feu noble Claude de la
Farelle son autre fille, trois livres tournois à se partager;
à noble Charlotte Del Puech sa femme, sa nourriture et vêtements dans sa maison, la nommant administratrice de ses
biens conjointement avec son héritier, et si elle ne pouvait
habiter avec ce dernier il lui donne une pension viagère
en rapport avec son rang et la consistance de ses biens.

Il lègue encore, à noble Antoinette d'Assas, sa belle-
fille, femme de son héritier universel, 3 livres tournois.

Enfin le testateur nomme pour son héritier universel
noble Gilles de la Farelle, son fils aîné.

Ce testament, non signé par le testateur qui était gra-
vement malade, fut reçu par le notaire Antoine Deleuze,
en présence de Gilles, Jean et Antoine de la Farelle fils
du testateur, et de messire André Ventalon prieur de
Saint-Bonnet, Claude Martin, prêtre, Jacques Solier prêtre du dit Saint-Bonnet, et Barthelemy des Vignolles
habitant Quissac.

Jean mourut peu de jours après.

Sa veuve testa le 20 juillet 1577, léguant aux pauvres
de Saint-Bonnet 20 sols tournois, à son fils Antoine
10 livres, à Jean son autre fils 10 livres, à Marguerite sa
fille, femme de Claude Lavernhie, 10 livres et 4 de ses
robes, à Fulcrande, son autre fille, femme de Guillaume
Guallard, 10 livres et 8 chemises de toile. Elle veut que la
donation qu'elle a faite, à feu Gilles de la Farelle son fils,
de la moitié de ses biens, profite à Jacquette de la Farelle,
fille du dit Gilles, et nomme pour son héritier universel
Gaspard de la Farelle son plus jeune fils [1].

---

1. Sauveur de Bagards, notaire à Lasalle. Reg. de 1577, f° 122
à 124.

Jean III de la Farelle et Charlotte del Puech eurent les enfants suivants :

1. *Gilles* qui continua la descendance.

2. *Antoine*, nommé aux testaments de ses père et mère; il était seigneur de Montjardin et habitait, en 1583, Saint-Géniès-de-Ribedor (Rive-d'Olt)[1] en Rouergue. François des Vignolles, d'Anduze, lui fit une obligation de 100 livres, le 30 décembre 1553, que Claude des Vignolles, écuyer, seigneur de Saint-Bonnet, son neveu, lui paya, en 1583, à Lasalle, en présence de noble Pierre de Ginestous, seigneur de Blayrac, et habitant de Saint-Marcel-de-Fonsfoullouse[2].

Nous ne savons avec qui se maria Antoine. Toujours est-il que le *Rôle des nobles de l'élection de Millau* en 1668, porte : Pierre DE LA FARELLE, seigneur de Rives, habitant le Pont de Camarès, et *Pierre* DE LA FARELLE, seigneur de Pester, habitant le même lieu, qui devaient être ses petits-fils.

3. *Jehan*, nommé aussi au testament de sa mère, en 1577, il était alors religieux de l'abbaye de Saint-Guilhem-du-Désert.

4. *Gaspard*, docteur en droits, héritier universel de sa mère, épousa en 1577, *Marguerite* DE GINESTOUS[3]. Lui ou son fils, s'il en eut un, fut parrain, le 11 mars 1603, de Lucrèce de Ginestous, fille de Jean, seigneur de Montdardier et de Marie de Vabres.

5. *Jeanne*, mariée par contrat du 10 février 1538 avec

---

1. Rive-d'Olt, arrondissement d'Espalion, département de l'Aveyron.

2. Sauveur de Bagards, loc. cit. Reg. 1583, f° 79, v.

3. *Notes généalogiques* de M. Boiffils de Massanne.
DE GINESTOUS porte : *D'or au lion rampant de gueules armé et lampassé de sable.* (L. DE LA ROQUE, *Armorial de Languedoc*, T. I, p. 227).

noble *Claude* Gréfeuille ou d'Aigrefeuil [1], fils d'Antoine, seigneur de Sérignac, près Quissac. Jean de la Farelle constitua à sa fille une dot de 200 florins, valant chacun 15 sols, quatre robes nuptiales de drap de Bergues, *une flassade de laine*, deux linceuls, trois *fedes* et trois chèvres [2].

Le même jour, Claude Grefeuille et sa femme, firent à Jean de la Farelle la quittance des biens paternels et maternels comme d'usage [3].

6. *Marguerite*, mariée avant 1561, à *Claude* Lavernuie, habitant Lasalle, dont deux enfants : Suzanne, baptisée le 25 février 1561 et Pierre, baptisé le 27 mai 1571 [4].

7. *Folcrande* ou Fulcrande, mariée avant 1564, à *Pierre* Gualhard, habitant Saint-Guilhem-du-Désert.

8. *Claude*, mariée et morte avant 1564, laissa plusieurs enfants de son mari, dont le nom ne nous est pas connu.

VIII

GILLES DE LA FARELLE

SEIGNEUR DU DIT LIEU

Gilles de la Farelle, héritier universel de son père, mourut avant le mois de juillet 1574. Il avait épousé en 1550, noble Anthonie ou Antoinette d'*Assas* de Marcas-

---

1. Grefeuille ou d'Aigrefeuille, a pour armes : *D'azur à trois étoiles d'or à six rais, deux et une, au chef cousu de gueules.* (A. Germain. *Charles de Grefeuille et sa famille*, p. 27.)

2. Antoine Solignac, notaire à Lasalle. Reg. de 1538, f° 4 à 6.

3. Même registre, f° 14.

4 *Arch. communales de Lasalle*, Registres baptistaires protestants, f° 3 et 21, v.

sargues [1], fille de noble Jehan d'Assas, seigneur de Marcassargues. Le 21 décembre de cette année Jean de la Farelle et Gilles, son fils, reconnurent au dit Jehan d'Assas, la dot de 125 livres tournois qu'il avait constituée à sa fille [2].

Gilles n'eut que des filles, et en lui s'éteignit la descendance mâle de la branche aînée des la Farelle.

Ses filles furent :

1. *Jacquette*, qui épousa 1° à Lasalle [3], le 19 novembre 1576, noble *Jean* Bringuier [4], co-seigneur des Barbuts; leurs enfants ajoutèrent à leur nom celui de la Farelle. 2° à Lasalle, le 17 février 1598 [5], noble *Jehan* Delom de Bussas [6], fils de Martin, seigneur de Bussas et de Marquise d'Assas.

2. *Charles*, mariée à Lasalle, le 11 juillet 1574 [7], avec noble Jean de Bagards de Prades; elle testa le 27 mai 1595, faisant des legs à Marie, Jeanne, Jacquette, et Pierre de Bagards, et héritier universel son fils aîné, noble Jehan de Bagards [8].

3. *Jeanne*, née à Lasalle, présentée au baptême le 2 novembre 1561, par noble Claude de Vignoles, seigneur de Saint-Bonnet [9].

---

1. D'Assas de Marcassargues porte : *D'azur à trois fleurs de lys florencées d'or.*
2. Reg. Solignac, notaire à Lasalle, 1550 (Etude de M. Clauzel de Saint-Martin-Valogne, à Saint-Hippolyte-du-Fort).
3. *Arch. communales de Lasalle.* Mariages protestants f° 98, v.
4. De Bringuier, porte : *Bande d'or et d'azur de 6 pièces.*
5. *Arch. communales de Lasalle.* Mariages protestants, f° 99, v.
6. Delom de Bussas a pour armoiries : *De gueules à trois faces d'argent.*
7. *Arch. communales de Lasalle.* Mariages protestants, f° 97.
8. Sauveur de Bagards, notaire à Lasalle. Reg. de 1595.
9. *Arch. communales de Lasalle.* Baptistaires protestants, f° 1.

4. *Marie*, baptisée à Lasalle le 22 Janvier 1565, parrain noble Fulcrand de la Farelle, juge au Vigan [1].

5. *Suzanne*, présentée au baptême le 12 janvier 1568, par Claude des Hours, seigneur de Calviac, et Jeanne des Vignoles [2].

---

1. *Archives communales de Lasalle.* Bapt· prot., f° 9.
2. Ibid. f° 14.

BRANCHE DU VIGAN

VII

GABRIEL I DE LA FARELLE
SIEUR DE CAMASSO ET DE LA ROUVIÈRE

Les généalogistes, tels que le marquis d'Aubais et M. Louis de la Roque, donnent pour auteur à la branche des la Farelle du Vigan, Fulcrand de la Farelle. C'est une grave erreur que les documents contemporains démentent formellement.

Gabriel DE LA FARELLE, premier du nom, second fils de Jean II de la Farelle, fixa sa résidence au Vigan, avant l'année 1530. Nous le voyons assister, dans la dite ville, à la promulgation de l'ordonnance rendue, le 11 octobre 1533 par Michel Briconnet, évêque de Nimes, au sujet de la fondation d'un collège de quatre prêtres à Sumène [1].

Gabriel transigea avec Jean III, son frère aîné, le 27 septembre 1535, relativement à son droit de légitime, par devant Me Fournier, notaire du Vigan [2].

Il avait vendu, avant l'année 1538, tous ses biens de

---

1. *Archives* de M. BOIFFILS DE MASSANNE, à Sumène.
« ... Michaël, miseratione divina Nemausensis episcopus... Datum Vicani ante domum nostræ solitæ residentiæ præsentibus Nobili Gabrielli de Farella...»
2. *Jugement de maintenue*, loc. cit.

Saint-Bonnet-de-Salindrenque. C'est ce que nous apprend la reconnaissance féodale faite par Catherine Baudoyn et Bernard Valmale, son fils, à Claude de Vignolles, du dit Saint-Bonnet, des propriétés qu'ils avaient achetées à Gabriel [1].

La vente de ces biens permit à Gabriel d'en acquérir d'autres plus proches de sa nouvelle résidence. C'est ainsi, qu'en 1538, il acheta conjointement avec Pierre Janin, le domaine de Camasso, situé sur les paroisses de Rogues et de Madières, appartenant alors indivisement à nobles Jacques Arnaud, Gabriel de Castelviel et Agnette Arnaud, femme de Jacques Rodier.

Cet achat fut confirmé, le 6 février 1538, par Guillaume de Soubeyras, seigneur du dit lieu, qui perçut alors les droits de lods. Les nouveaux propriétaires dénombrèrent au roi, le 27 février 1539, le fief de Camasso, contenant cent séterées de terre.

L'abbaye de Saint-Guilhem-du-Désert ayant certaine juridiction sur ce domaine, noble Claude de Popian, religieux de ce monastère, approuva l'achat qui en avait été fait, et après le paiement des droits de lods, reçut la reconnaissance féodale [2], que lui en firent, le 10 janvier 1542, Gabriel de la Farelle et Pierre Janin. Ces derniers furent tracassés, d'un autre côté, par les consuls de Rogues et de Madières, qui voulurent soumettre à la taille la terre de Camasso, mais un arrêt de la cour des aides du 11 juillet 1542, affranchit le domaine.

Gabriel de la Farelle, licencié es-lois, était lieutenant particulier de la ville et vignerie du Vigan, avant 1550; il eut, à raison de cette charge, des différends avec Fran-

---

1. Antoine Solinhac, notaire à Lasalle, 1538 à 1548, f° 1.
2. Raymond du Solier, notaire à Ganges.

çois Maistre, lieutenant principal en la même viguerie, différends auxquels le Parlement de Toulouse mit fin par ses arrêts des 6 mai 1550 et 12 juillet 1559 [1].

Gabriel se maria deux fois ; le nom de sa première femme nous est inconnu. Ne serait-elle pas une *Janin*, l'achat de Camasso conjointement avec Pierre Janin qui ne pouvait être qu'un de ses proches parents le ferait supposer. Quoi qu'il en soit, il se remaria, le 15 janvier 1535, par contrat reçu Jachemin, notaire, avec *Antoinette* Morier ou de More. A ce mariage assistait, d'après la maintenue de noblesse [2], noble Fulcrand de la Farelle, fils de Gabriel. Antoinette Morier, survivant à son mari, convola à de secondes noces, le 20 janvier 1580, avec noble Pierre du Pont, seigneur de Serres; elle testa le 10 septembre 1586.

Outre le fief de Camasso, Gabriel possédait, avec son fils Fulcrand, celui de la Rouvière, puisque les habitants de cette paroisse leur firent la reconnaissance des propriétés qui étaient de leur directe.

Gabriel de la Farelle, testa à Nimes, le 21 août 1557. Il voulut être inhumé dans la chapelle Sainte-Anne de l'église du Vigan, à la confrérie de laquelle il donna 10 florins; il légua à chaque prêtre qui assistera à ses obsèques 20 deniers, au curé, 2 sols, au clerc, 1 sol, aux ouvriers de la dite église 10 florins.

Il voulut que sa femme, Antoinette Morier, fut nourrie, vêtue et chaussée sur ses biens et logée dans une chambre de sa maison, il lui donna, en outre, une vigne et deux terres.

---

1. Le compoix de Molières commencé le 15 août 1563, porte cette mention : « *Par devant M. noble Gabriel de la Farelle, licencié ès droits, lieutenant principal de M. le viguier royal du Vigan...* »

2. Jachemin notaire. (*Maintenue de noblesse*, loc. cit.)

Il légua aussi aux enfants qui seraient procrées de son mariage et à chacun 100 écus sol; au posthume du ventre de Gillette de Pierrevert sa belle-fille 10 sols tournois.

Il fit son héritier universel, M⁰ Fulcrand de la Farelle, docteur es-droits, juge royal du Vigan, son fils.

Il nomma tuteur testamentaire de ses enfants, sire Antoine Morier, père de sa femme [1].

Par un second testament, reçu le 12 avril 1573, M⁰ Mazel, notaire, Gabriel fit un legs à son fils Fulcrand, et institua pour son héritier universel noble Jean de la Farelle, son petit-fils [2].

Gabriel de la Farelle mourut après 1573 et avant 1580.

VIII

FULCRAND DE LA FARELLE

SEIGNEUR DE LA ROUVIÈRE, CAMASSO ET SUMÈNE [1]

Noble *Fulcrand* DE LA FARELLE [3], docteur ès-droits, était juge royal de la ville et viguerie du Vigan, dès l'année 1557. Il fut adjoint, en 1569, aux commissaires nommés par les religionnaires, pour la vente des biens du clergé de Sumène. Il assista, en 1573, M. des Vignolles, commissaire-député pour les arrentements des bénéfices et biens ecclésiastiques des vigueries du Vigan et Meyrueis, et reçut d'Antoine Barthelemy, receveur du diocèse, 14 livres.

Fulcrand épousa, avant l'année 1557, *Gillette* DE GUI-

---

1. *Archives du Gard*, E. 353, f⁰⁰ 205 à 208.
2. *Jugement de maintenue*, loc. cit.
3. Jean I de la Farelle, fils de Fulcrand, vendit la co-seigneurie de Sumène à Jean du Fesc (1593).

TARD DE PIERREVERT, fille aînée de Guitard de Pierrevert, seigneur censuel de Sumène.

Il passa un accord, en 1580, au nom de sa femme avec noble Jacques de Lanteil et Isabeau de Guitard, ses beau-frère et belle-sœur [1]. Trois ans après, 18 avril 1583, un partage eut lieu entre les demoiselles Guittard, assistées de leurs maris [2].

Fulcrand et sa femme étaient présents, le 15 juillet de la même année, au contrat de mariage de leur fils Jean, viguier du Vigan, avec Diane de Barjac.

Par son testament du 4 juillet 1586 [3], Fulcrand institua Jean, son fils, son héritier universel, et fit un légs à son autre fils Gabriel.

Gilette de Guittard, testa étant veuve (2 mai 1595) [4], instituant Jean, son fils aîné, son héritier universel, après avoir fait un legs à Gabriel, son autre fils.

Ces deux testaments prouvent que Fulcrand de la Farelle et Gilette de Guittard, n'eurent que deux fils.

1. *Jean*, qui continua la branche de la Rouvière;

2. *Gabriel*, auteur du rameau de Montagnac, diocèse d'Agde.

Gabriel, seigneur d'Aumes [5], fut marié par contrat du 13 septembre 1609 (Lagarde, notaire), avec *Anne* DE LAURET; dans ce contrat il est dit fils de feu noble Fulcrand de la Farelle et de feu demoiselle Gilette de Guitard [6].

Gabriel, fit son testament devant Lagarde, notaire, le 6 décembre 1636. Par cet acte, sa femme fut déclarée héritière universelle avec faculté de disposer des biens, ou telle portion d'iceux, en faveur de leurs enfants : Pierre, Antoine, Jeanne et Guillaume de la Farelle [7].

---

1. Fr. Ménard, notaire à Nimes, an. 1580 f° 47.
2, 3 et 4. *Jugement de noblesse*, loc. cit.
5. *Aumes*, commune du canton de Montagnac (Hérault).
6 et 7. *Jugement de noblesse*, loc. cit.

Du mariage de Gabriel et d'Anne de Lauret, naquirent :

A. *Pierre,* sur lequel nous n'avons aucun renseignement;

B. *Antoine,* qui suit ;

C. *Jérome,* dont la vie nous est inconnue ;

D. *Guillaume* de la Farelle, écuyer. Il reçut du roi une commission de capitaine d'infanterie dans le régiment de Montpezat (2 avril 1645), et obtint le 31 octobre de la dite année un passeport du comte d'Harcourt, général de l'armée du roi en Catalogne, pour vaquer à ses affaires. Le roi lui donna plus tard (7 juillet 1655), une charge de premier capitaine dans le régiment de Modène, et il reçut en cette qualité, l'ordre de partir pour l'Italie avec son régiment, 27 octobre 1655 [1].

Guillaume avait épousé, le 22 janvier 1648 (Arbanière, notaire), *Jeanne* DE REY ; nous ignorons s'il en eut des enfants.

B. *Antoine* de la Farelle, conseiller du roi, son bailli et juge à Montagnac, diocèse d'Agde, épousa par contrat du 2 septembre 1643 (Arbanière, notaire), *Anne* DE CLAPIÈS [2], qui le rendit père de :

a. *Louis-Félix,* parrain dans l'église du Vigan, du fils de son frère Gabriel.

b. *Gabriel* de la Farelle, capitaine de grenadiers dans le régiment d'Albigeois, plus tard lieutenant-colonel d'infanterie. Marié à *Suzanne* DE LA FARELLE DE MARCOU, née

---

1. *Jugement de noblesse,* loc. cit.

2. Elle devait être la sœur de Pierre, Clément, prieur de Vendres, Jean, et François, seigneur de Montagnac, anoblis par le roi le 19 janvier 1674. Les CLAPIÈS portaient: *D'azur à un chevron d'or chargé sur la pointe d'une étoile de gueules, accompagné de 3 rochers d'argent ombrés de sable.*

(L. DE LA ROQUE, *Arm. de Languedoc,* T. II, p. 164).

en 1662, morte au Vigan, le 7 mars 1704 [1], il n'eut de cette union qu'un fils, *Jean-Félix*, né au Vigan le 9 octobre 1701, baptisé le 23 octobre suivant [2], et mort en bas âge.

c. *Guillaume.*
d. *Philippe.*
e. *Claude.*

Ce rameau dut s'éteindre au commencement du XVIII⁰ siècle.

IX

JEAN I DE LA FARELLE

SEIGNEUR DE LA ROUVIÈRE ET CAMASS O

Docteur ès droits, noble *Jean* DE LA FARELLE était conseiller du roi et son viguier en la ville et viguerie du Vigan, avant l'année 1583. Il eût cette année là des démêlés de préséance avec Etienne de Rousset, juge royal de la dite ville. Ces démêlés durèrent plusieurs années, à tel point que Jean de la Farelle voulut se démettre de sa charge, et fit une procuration le 27 décembre 1594 pour la résigner. Mais les parties s'accommodèrent et Jean fit avec le juge Rousset plusieurs compromis les 13 septembre 1595, 27 avril et 29 juillet 1596 et 5 février 1597. Tout semblait apaisé entre les deux concurrents, lorsque les hostilités reprirent de plus belle. Bref, la question qui les divisait fut tranchée par un arrêt de la chambre de l'édit de Castres (29 décembre 1598), dont nous extrayons le passage suivant :

1. *Arch. com. du Vigan*, G. G. 14.
2. Idem.

« .. Dit a été que la Cour.. faisant droit sur la d. requeste..
a ordonné et ordonne que le d. de la Farelle jouira des
honneurs, prérogatives et prééminences appartenans à
sond. office de viguier, et ce faisant aura la préséance et
présidence, tant en la présence que absence du d. juge,
en tous actes de justice, soit en habit de robe longue ou
courte, et tenant les audiences prononcera et donnera les
appointemens ou si bon luy semble permettra qu'ils
soient prononcés par led. juge; et en conseil conclura et
signera les sentences et appointemens et néantmoins
pourra raporter et faire tous autres actes de justice, tant
en matières civiles que criminelles, et en outre présidera
en toutes les assemblées qui se feront en la d. viguerie,
èsquelles la présence d'un magistrat sera requise, recevra
le serment des consuls et fera les autres actes de justice,
sans que le juge se puisse entremêler de présider sinon
en l'absence du viguier... »

Jean de la Farelle exerça la charge de viguier royal
jusqu'en 1622, époque où il fit son testament.

Nous le voyons présider le 25 janvier 1594, l'assemblée
dans laquelle les députés des trois ordres du colloque de
Sauve, prêtèrent le serment de fidélité au roi Henri IV [1];
et signer, le 13 août 1616, les articles dressés par la
viguerie du Vigan, touchant l'union faite avec les pays
des Cévennes, du haut et bas Gévaudan [2].

Jean de la Farelle présida aussi la députation envoyée
au duc de Ventadour, lieutenant général de la province
de Languedoc, pour démontrer la fausseté des accusations
portées contre les habitants du Vigan (1611) [3]. Il fut encore

1. *Arch. com. du Vigan*, G. G. 1.
2. Ibid. 1.
3. Id. FF, 6.

député vers le même duc, en 1616, au sujet de l'affaire contre le sieur de Gabriac [1].

Les consuls de Soubeyras ayant voulu cotiser à la taille, certaines propriétés du fief de Camasso, situées sur leur territoire, Jean de la Farelle obtint en 1619, un arrêt de la cour des aides de Montpellier.

Jean, testa, le 7 octobre 1622, devant Aigoin, notaire du Vigan. Il fit des legs à Etienne, Fulcrand, Gabriel et Claude, ses fils et son héritier universel noble Jean de la Farelle son second fils [2].

De son mariage contracté le 15 juillet 1583 (Mazel notaire) avec *Diane* DE BARJAC [3], naquirent :

1. *Jacques*, seigneur de Camasso [4], mort sans enfants ;

2. *Jean*, qui continua la descendance ;

3. *Etienne*, mort en 1659, avait testé le 27 juillet de la même année (Durand notaire) en faveur de Jacques de la Farelle, sieur de Laplane son fils aîné ; ses deux autres fils Henri et Annibal reçurent divers legs.

Etienne s'était marié le dernier février 1635, (Vincent notaire) avec *Marie* DE LIRON [5], qui le rendit père de :

A. *Jacques*, seigneur de Laplane ;

B. *Annibal* ;

C. *Henri*, mort le 8 mars 1666.

4. *Fulcrand*, vivant en 1669, lors de la maintenue ;

---

1. *Arch. comm. du Vigan*, EE, 1.

2. *Jugement de maintenue*, loc. cit.

3. DE BARJAC a pour armoiries : *Ecartelé au 1 et 4 d'argent à 4 têtes de more de sable tortillées d'argent ; au 2 et 3 de gueules à 4 pals d'or ; sur le tout : d'azur au mouton passant d'or surmonté d'un croissant d'argent* (L. DE LA ROQUE, *Arm. de Languedoc*, T. I, p. 51).

4. *Arch. com. du Vigan*, DD, 14, an. 1613.

5. LIRON D'AIROLES : *De gueules au lion d'argent, au chef cousu d'azur, chargé de deux étoiles d'or* (L. de la Roque, *arm. de Languedoc*, T. II, p. 55).

5. *Gabriel*, tué en 1628, à l'entreprise des religionnaires contre la ville de Montpellier.

6. *Claude*, seigneur de la Foux [1], consul du Vigan, en 1661, se maria le 18 mai 1648 (Belly notaire) avec *Olympe* DE GUIBAL [2], de laquelle il n'eut qu'une fille : *Philippe*, née en 1652, morte au Vigan le 10 juin 1688 [3].

Philippe avait épousé, par contrat du 1er novembre 1667, noble *Jean* DE LA NOGARÈDE [4], seigneur de la Garde [5] et de Saint-Germain-de-Calberte [6], lieutenant au régiment d'Auvergne, fils de François de Nogarède, seigneur de la Garde et de Jeanne de Ginestous.

7. *Isabeau*, mariée le 21 mars 1608, à noble *Pierre* DE FUJOL [7], seigneur de Vébron, fils d'Antoine de Fujol, gentilhomme du roi, gouverneur de Meyrueis, et de Suzanne de Montcalm.

8. *Anne*, mariée le 26 juin 1613, au Vigan, à *Jean* DE LAUTAL, seigneur du Roquan, docteur ès droits, député de la viguerie du Vigan, pour assister à la signature de

---

1. Au milieu des prairies qui composaient ce domaine, coulait la source d'Isis qui alimente le Vigan.

2. De GUIBAL a pour armoiries : *D'azur à deux fasces d'argent accompagnées en chef d'un lion naissant d'or, et en pointe d'un chevron de même.*

3. *Arch. com. du Vigan*, G. G., 12, f° 321.

4. Cette famille, différente de celle de *Nogarède*, qui posséda la seigneurie de Durfort, avait pour armes : *Burelé d'argent et de gueules de huit pièces.* (L. DE LA ROQUE, *Arm. de Languedoc*, T. I, p. 292).

5. La terre de la Garde était située dans la commune de Soudorgues (Gard).

6. Saint-Germain-de-Calberte (Lozère).

7. DE FUJOL porte : *D'or à trois bandes de gueules, écartelé d'azur à trois chevrons d'or, alias de gueules à trois cors d'argent 2 et 3.* (L. DE LA ROQUE, *arm. de Languedoc*, T. I, p. 219).

la paix d'Alais (1629). A l'occasion de ce mariage, Jean de la Farelle cédait à sa fille les acquisitions par lui faites à Blandas [1].

9. *Suzanne*, femme le 16 mars 1631, de noble *Antoine* D'ASSAS [2], seigneur de Chanfort, fils de Claude seigneur de Chanfort, la Borne, Peyregrosse, la Roque et d'Elze et de Claude de la Bastide.

X

JEAN II DE LA FARELLE

SEIGNEUR DE LA ROUVIÈRE, LE MERCOU, PUECHSEGAL ET PUECHGAREN

Quoique docteur ès-droits, *Jean* DE LA FARELLE, au lieu d'occuper des charges de judicature, servit dans les armées du roi de 1632 à 1652, d'abord en qualité de capitaine au régiment du Roure, ensuite comme commandant d'une compagnie envoyée par la viguerie du Vigan dans l'armée de Monsieur le Prince, suivant des certificats qui lui furent délivrés par les maréchaux de la Force et de l'Hôpital [3].

Ce qui le poussa dans cette carrière, ce fut évidemment le duc de Rohan, généralissime des réformés, qui l'avait nommé, par ordonnance du 6 octobre 1627, l'un des membres du conseil de direction établi au Vigan [4].

---

1. *Notes généalogiques* de M. Gaston de Bez.
2. D'ASSAS DE CHAMFORT a pour armes : *D'or au chevron d'azur, accompagné en chef de deux pins de sinople et d'un croissant de gueules en pointe, au chef d'azur chargé de trois étoiles d'or.* (L. DE LA ROQUE, *Arm. du Languedoc*, T. I. p. 30).
3. *Jugement de noblesse*, loc. cit.
4. *Arch. com. du Vigan*, GG, 3.

Religionnaire convaincu, Jean de la Farelle fut député par l'Eglise du Vigan au Synode d'Alais, et, en 1638, à Béziers, avec le sieur de Lautal, pour obtenir de la Chambre de l'Edit, la cession du temple, dont le prieur Guichard s'était emparé [1].

N'ayant pu réussir dans cette dernière mission, il prolongea à ses coreligionnaires, moyennant la somme de cent livres, le bail d'une partie de sa maison, qui servit ainsi de temple, de l'année 1633 à l'année 1640 [2].

La création d'un collège des Cévennes ayant été décidée par le Synode national de Charenton, l'Eglise réformée du Vigan députa Jean de la Farelle et deux autres habitants, vers les synodes des Cévennes et du Bas-Languedoc réunis à Saint-André-de-Valborgne et à Nimes, pour demander l'établissement de ce collège au Vigan (1645). Il fit encore partie de la députation qui se rendit pour le même objet à Quissac, où devaient se réunir les députés du Synode, nommés pour choisir le lieu où serait établi ledit collège [3].

Jean de la Farelle s'allia, par contrat du 23 décembre 1626 (Aigoin, notaire), à *Marguerite* DE SAINT-ETIENNE, qui lui apporta en dot les seigneuries de Mercou, Puechsegal et Puechgaren.

Marguerite de Saint-Etienne fit son testament le 6 février 1653 (Randon, notaire); elle institua héritier de ses biens, Jean, son mari, à la charge de rendre ledit héritage à noble *François* de la Farelle, son fils, substituant à ce dernier noble *Jean* de la Farelle, sieur de Puechsegal, son autre fils [4].

Jean II de la Farelle mourut le 22 février 1660.

---

1. *Arch. comm. du Vigan*, CC, 62.
2. Ibid. CC, 61 et GG, 2.
3. Ibid. GG, 4.
4. *Jugement de maintenue*, loc. cit.

XI

JEAN III DE LA FARELLE

SEIGNEUR DU MERCOU [1]

Jean III, deuxième fils de Jean et de Marguerite de Saint-Etienne, habitait son château de Mercou, paroisse de Saint-Julien-de-la-Nef, lors de la maintenue de noblesse en 1669.

Il naquit en 1638, et mourut au Vigan le 30 octobre 1699 [2].

Il vendit, en 1690, à la communauté de cette ville une partie de sa maison pour y installer la cour royale et les prisons, et son jardin sur lequel fut construite l'église paroissiale actuelle [3].

Jean épousa, par contrat du 5 octobre 1656 (Arman, notaire), *Jeanne* DE MAYSTRE, fille de noble Etienne de Maystre, de Bréau, et de Suzanne de Caladon. A ce mariage assistèrent Etienne, Claude et Fulcrand de la Farelle, oncles du futur, et Valette, Pascal de la Fabrègue et David de Carles, oncles de la future.

De ce mariage naquirent :

1. *Suzanne*, née en 1662, morte au Vigan le 7 mars 1704 [4], mariée à *Gabriel* DE LA FARELLE, d'abord capitaine de grenadiers dans le régiment d'Albigeois, plus tard lieutenant-colonel d'infanterie, fils d'Antoine de la Farelle, conseiller du roi et son bailli à Montagnac, diocèse d'Agde, et d'Anne de Clapiès.

---

1. *Le Mercou* ou *Le Marcou*, les deux formes se retrouvent fréquemment dans les actes.
2. *Arch. com. du Vigan*, GG-14, f° 18.
3. Ibid. DD. 3.
4. Ibid. GG-14.

Ils n'eurent qu'un fils : *Jean-Félix* DE LA FARELLE, né au Vigan le 9 octobre 1701, tenu sur les fonds baptismaux, le 23 octobre, par Louis-Félix de la Farelle, son oncle, et Jeanne de la Farelle, du Mercou, sa tante [1].

2. *Jeanne* de la Farelle du Mercou, mariée dans l'église Saint-Pierre du Vigan, le 13 janvier 1711 [2] (pactes du 26 janvier suivant) à noble *Antoine* D'ASSAS, seigneur de Peyregrosse, fils de noble Claude et de Violande de Rousset.

Par la mort de sa sœur Suzanne, Madame d'Assas recueillit l'héritage de sa maison, et n'ayant pas eu d'enfants de son mariage, elle fit héritier François d'Assas, son cousin, père du chevalier.

Ainsi s'éteignit la branche du Vigan.

---

1. *Arch. comm. du Vigan*, GG-14.
2. Ibid. même registre, année 1711, f° 2.

BRANCHE DE NIMES & DE PICARDIE

VII

LÉGIER DE LA FARELLE

Noble *Légier* DE LA FARELLE, qui paraît être fils de Jean II, s'établit à Anduze, dès les premières années du XVIᵉ siècle. Il s'y maria [1] le 27 novembre 1521, avec *Marguerite* DU VRAY [2], fille de feu Jean et de Cécile Calmin. La constitution de dot, passée le dit jour, indique que Marguerite du Vray s'est constituée tous ses biens, meubles et immeubles, présents et futurs dont son mari sera tenu de dresser un inventaire. Légier devait faire à sa femme quatre robes, dont deux ampellades et deux gonelles enrichies d'or, et une chaîne jusqu'à la valeur d'un marc d'argent. Si Marguerite survit à son mari, celui-ci lui donne en augment de dot 25 livres. Cette constitution fut passée à Lasalle en présence de Guillaume Valdeyron, Elisée d'Orfeuil et Pierre Valcat. Bon nombre d'actes concernant Légier se retrouvent dans les minutes du notariat d'Anduze, depuis son mariage jusqu'en 1549. Il serait fas-

---

1. Guil. de Cornut, notaire à Anduze. Reg. de 1521, fᵒ 235

2. *Guillaume* DE MALMONT, licencié ès lois s'était marié avant 1523, avec *Antonie* DU VRAY, probablement sœur de Marguerite. Nous trouvons en 1486, *Jacques* DU VRAY; en 1523 *Jean* DU VRAY; et en 1560 *Jean et Antoine* DU VRAY, fils de N... DU VRAY et de *Antonie* CLARET.

tidieux de les rappeler, d'autant plus qu'ils se rapportent soit à des obligations, soit à des achats de propriétés [1].

Le 9 juillet 1549, Légier de la Farelle et son fils Gaucelm reconnaissent à Marguerite du Vray, leur femme et mère, la somme de 250 livres, qu'elle aurait apportée dans la maison des dits la Farelle [2].

Légier de la Farelle fit son testament, à Anduze, le 7 janvier 1560.

« .... Et premièrement a rendu grâces et a recommandé son âme à présent et au sortir de son corps à notre Dieu tout-puissant et miséricordieux, le priant qu'il luy plaise avoir pictié de lui, et qu'il veulhe recepvoir son âme en son repoz éternel, par le moyen de son précieux amour et passion de son fils unique Jésus-Christ nostre saulveur et rédempteur... ».

Il élit sa sépulture dans la grande église Saint-Etienne d'Anduze et lègue pour œuvres pies la somme de 25 livres.

Il nomme et établit sa femme gouvernante universelle de ses biens, et tant qu'elle vivra il veut qu'elle habite avec son héritier qui l'entretiendra et lui donnera les accoutrements, la dispensant de tout inventaire et de toute réddition de compte. Si elle ne pouvait vivre avec son héritier, il lui assigne une pension annuelle de 30 livres, 6 setiers de blé touzelle, 1/2 vaisseau de vin, 1 setier d'huile, une robe tous les trois ans, du prix de *quatre livres tournois la cane*, deux paires de chausse tous les ans, un lit bien garni, le linge qui lui sera nécessaire et trois coffres ; il lui confirme ce qu'il lui a donné dans

1. Voici l'extrait de l'un de ces actes : « Anno quo supra (1526) et die 13 mensis septembris Guillelum Arnaudi, mensi de Codoliech, parrochie Sancti Felicis de Valaleria, confessus fuit debere nobili Legerie de Farella, Andusie, quatuor libros tur... » (G. Calvin, notaire à Anduze.)
2. Ant. Deleuse, notaire à Anduze, reg. de 1549, f° 58.

leur contrat de mariage, la donation de cent écus sols qu'il lui a faite après, et lui donne en plus la somme de deux cents livres tournois.

Le testateur donne et lègue à Françoise de la Farelle, sa fille, femme d'André Solier, et à Pierre de la Farelle, son fils, à part ce qu'il leur a donné dans le contrat de leur mariage, et à chacun, cent sols tournois.

A Jacques, Raymond et Nicolas de la Farelle, ses fils, et à chacun d'eux cent livres tournois.

A Marguerite et Catherine de la Farelle, ses filles, et à chacune d'elles deux cents livres tournois et quatre robes nuptiales, « *l'une drap de Paris et laultre de pistoule de roan, et les aultres deux gonnelles de demy grain de la colleur qu'elles voldrait et garnies de teste....* » Et jusqu'à leur mariage il veut qu'elles soient nourries et entretenues dans sa maison par son héritier.

A chacun de ses filleuls et neveux, filleules et nièces et enfants d'iceux, cinq sols tournois.

Il fait son héritier universel son fils aîné, Gaucen de la Farelle, et substitue ses enfants de l'un à l'autre.

Cet acte passé dans l'étude de Me Etienne de Cantalupa, notaire d'Anduze, eut pour témoin messire Michel Cazal, vicaire, André Solier, Claude Giberne, greffier, et Claude del Mas, habitants de cette ville [1].

Légier de la Farelle mourut avant le 10 avril 1564. Marguerite du Vray fit ce jour-là, étant veuve, une donation à son fils Jacques [2].

Du mariage de Légier de la Farelle et de Marguerite du Vray naquirent :

1. Etienne de Cantalupa, notaire à Anduze. Reg. de 1559-1560, f⁰ˢ 227 à 231. (Etude de Me Gautier notaire.)

2. Ibid. Reg. 1564, f° 16.

1. *Gaucen* de la Farelle, qui a fait la branche aînée d'Anduze.

2. *Pierre*, auteur de la seconde branche d'Anduze.

3. *Jacques*, dont l'article va suivre.

4. *Raymond*, auteur de la troisième branche d'Anduze.

5. *Nicolas*, qui a fait la quatrième branche d'Anduze.

6. *Françoise*, épousa par contrat du 7 octobre 1543, *André* Solier, natif de Saint-Martin-de-Valgalgues, diocèse d'Uzès; elle eut deux cents livres de dot et quatre robes; au contrat étaient présents : noble Guillaume Fayn, fils du seigneur de Saint-Sébastien, et Michel Casal, prêtre et prieur de Montesquier [1].

André Solier voulant récompenser son beau-frère Jacques de la Farelle, docteur es-droits et avocat, « quy avoict patroné en toutes ses cauzes tant actives que passives... ès-cours du dict Nismes... sans avoir jamais esté payé... » lui fait la donation de deux vignes situées dans le lieu de Générargues [2].

Les descendants d'André Solier et de Françoise de la Farelle, devinrent seigneurs de Branoux, et nous les rencontrons comme témoins dans les actes les plus importants des la Farelle d'Anduze.

7. *Marguerite*, femme par contrat du 7 mai 1561 [3], de *Jehan* du Plan, fils d'Antoine, du lieu de Saint-Jean-de-Gabriac, diocèse de Mende. Légier de la Farelle constitue à sa fille une dot de deux cents livres tournois et quatre robes; Jacques de la Farelle, son frère, lui donne dix livres et Pierre et Raymond de la Farelle, ses autres frères, deux paires coffres-bahut.

---

1. Pierre Robert, notaire à Anduze. Reg. 1543, f° 163.
2. Et. de Cantalupa, notaire à Anduze. Reg. 1559, f° 225.
3. Antoine Delouse, notaire à Anduze. Reg. 1561, f° 26.

Le même jour, Marguerite de la Farelle fit quittance de ses biens paternels et maternels et Jehan du Plan la reconnaissance de la dot de sa femme [1].

Plus tard, le 18 avril 1571, Jehan du Plan, au nom de sa femme et de son fils, Isaac du Plan, donne quittance à noble Gaucen de la Farelle de la somme de cent cinq livres, dont cent dues à ladite Marguerite pour la valeur des robes à elle constituées en son contrat de mariage, ou pour le légat que sa mère lui fit dans son dernier testament, et cinq livres données par Marguerite du Vray à Isaac du Plan, son petit-fils [2].

8. *Catherine,* mariée, avant 1575, à *Jean* PLANTIER, maître-apothicaire à Nimes.

VIII

JACQUES DE LA FARELLE

Iᵉʳ DU NOM

Jacques I DE LA FARELLE était docteur ès-droits et avocat au présidial de Nimes. Il s'établit dans cette ville bien avant l'année 1560, car nous le voyons le 3 janvier 1559, accepter une donation d'André Solier, son beau-frère, motivée sur les services qu'il lui avait rendus en défendant ses causes aux cours de Nimes.

Marguerite du Vray, peu de temps après la mort de Légier, son époux, fit à Jacques, son fils, une donation des biens qui lui appartenaient dans la succession de Catherine Calvet, Jehan du Vray et Cécile Calmin, ses

1. Ant. Deleuze, not. à Anduze, fᵒˢ 115 à 116.
2. Ant. Deleuze, notaire à Anduze. Reg. 1561, fᵒ 117.

ayeule, père et mère « pour les agréables services qu'elle
« a reçus cy devant et que journellement ne cesse de
« recevoir [1] » (10 avril 1564).

Jacques de la Farelle fit un accord avec son frère aîné
Gaucen, pour raison de sa légitime, et, le 18 avril 1571, il
reçut de ce dernier deux cents livres comme premier
à-compte de ce qui lui revenait [2].

Il avait adhéré à la Réforme dès l'année 1564, et nous
le voyons à partir de 1570, appelé, en l'absence d'un
conseiller titulaire, à siéger comme juge-magistrat au présidial de Nimes. Il s'était fait une large place parmi
l'aristocratie protestante de la ville, et ses concitoyens,
jugeant que leurs intérêts ne pouvaient être placés dans
de meilleures mains, le nommèrent premier consul de la
ville de Nimes, pour l'année 1582.

Voici l'acte de réception de Jacques de la Farelle dans
cette charge :

« L'an 1582 et le lundi 1er jour du mois de janvier, ap-
près sept heures du matin, sire Bernard Reynaud, Jean
Lebon et Laurens Ysnard, second, tiers et quatrième
consuls de Nismes l'année passée, (le sieur de Masmejean,
premier consul estant aux Estats), avec Messieurs Jacques de la Farelle, docteur et advocat, Salvaire Cappon,
Pierre Brude et Pierre Fontanieu, consuls de la présante
année, se sont transportés à la place de la Calade, appartenant à ladite ville, en laquelle estant arrivé Monsieur
Guillaume Villar, docteur et advocat, a faict la remons-
trance sur ce que consiste la charge de Messieurs les
consuls, et les sieurs consuls nouveaux ont promis et
juré leurs mains levées, par devant les sieurs consuls

---

1. Et. de Cantalupa, notaire à Anduze. Reg. 1564, f° 18.
2. Ant. Deleuse, notaire à Anduze. Reg. 1571, f° 118, v.

viculx, faire et exercer ladite charge suyvant les statuts,
transactions et coustumes de ladite cité, et lesdits sieurs
consuls viculx ont baillé et remis les chapperons rouges
auxdits sieurs nouveaux consuls, et dillec tous ensemble
se sont transportés par devant Monsieur Denys de
Brueis, sieur de Saint-Chapte, juge et lieutenant criminel,
où ledit sieur Villar a aussy faict les remonstrances à ce
requises, et après sont allés ouyr le presche de la parole
de Dieu. Présent à ce dessus MM. Jean Charlet, Jacques
Bodet, Firmin Raspal et plusieurs autres habitans dudit
Nismes [1] ».

Le 27 septembre suivant, Pierre Favier, avocat des
pauvres [2], se démit dudit office et le conseil général de la
ville nomma Jacques de la Farelle pour le remplacer.

En séance, « ledit sieur de la Farelle preste serment la
« main levée à Dieu, es mains de sire Pierre Fontanieu,
« quart-consul et conseil, de bien et duement diligemment
« consulter et postuler pour les pauvres de la présente
« seneschaussée, visiter les prisonniers, soubstenir leurs
« causes et entièrement accomplir tout le contenu en
« ladite fondation [3] ».

L'inventaire des biens suivit cette prestation de serment.

Jacques de la Farelle s'était marié, à Nimes, le 15 juillet 1565, avec *Guillemette* DE MALMAZET [4], fille de Me Jehan,
docteur ès-droits, et de Claude Papard.

Guillemette, de la licence de Me Tannequin Raymond,

1. *Arch. com. de Nimes.* Reg. LL. 12, f° 137, v.
2. Même registre, f° 155.
3. *Arch. com. de Nimes.* LL. 12, f° 155.
4. DE MALMAZET porte : *D'azur à la fasce d'or, accompagnée en chef de trois croissants d'argent et en pointe d'un chevron d'or.*

docteur ès-droits, seigneur de Brignon, son oncle [1], et curateur, se constitue en dot tous ses biens, parmi lesquels se trouvait un mas au terroir de Boisson. Si le sieur de la Farelle décédait avant elle il lui donne en augment dotal 500 livres, tous les habillements, bagues et joyaux, qu'il lui aura faits, et ses aliments sur ses biens, et si elle mourait avant son mari, ce dernier aurait à prendre sur ses biens deux cent cinquante livres.

Ce contrat [2] fut passé en la présence de Me Guillaume Calvière, sr de Saint-Césaire-de-Gausignan, président au présidial, Me Pierre d'Ayrebaudouze, ministre de la parole de Dieu, Mes Léonard Favier, Pierre de Montelz, Loys Bosquier et Robert de la Croix, docteurs ès-droits tous habitants de Nimes.

Jacques de la Farelle teste à Anduze, le 18 avril 1577. Il veut que son corps soit enterré « suyvant la coustume « de vrays enfans de Dieu réformés » et il lègue à la bourse des pauvres de Nimes et Anduze vingt-cinq livres, à distribuer par les consistoires de ces deux villes.

Il lègue à Théophile, Pierre, Isabeau et Marie de la Farelle, ses enfants, cinq cents livres à chacun, payables le jour de leur mariage.

A Anne de la Farelle, sa fille naturelle, cent cinquante livres, payables lorsqu'elle se mariera.

Il confirme la donation qu'il a faite à Guillaumette de Malmazet, sa femme, au contrat de leur mariage et l'établit dame, maîtresse, gouvernante et usufruitière de ses biens, tant qu'elle restera en viduité, demeurera avec ses enfants et les entretiendra.

---

1. *Tannequin* RAYMOND était mari de Jeanne Aubert, fille de Christophe Aubert, 2e mari de Guillaumette Robert, qui en premières noces avait épousé N. Papard, père de Claude Papard, mère de Guillaumette de Malmazet.
2. Jean Ménard, notaire à Nimes. Reg. de 1565, fo 234,

Il fait son héritier universel Jacques de la Farelle, son fils aîné; et lui substitue ses autres enfants.

Et si à son décès ses enfants sont pupilles, il a prié noble Gaucen de la Farelle, son frère aîné, garde pour le roi au grenier à sel d'Anduze et Me Jacques Davin, docteur et avocat à Nimes, son beau-frère [1], de prendre la tutelle de ses enfants et de leurs biens avec sa dite femme.

A cet acte passé dans le château d'Anduze, assistèrent Me Pierre Deleuze, sieur du Rouet, noble Jehan Deleuze, sieur d'Argentières, Me Claude Vincent, docteur en médecine, noble Nicolas Pelet, et autres habitants d'Anduze [2].

Par son codicille du 18 juillet 1585, Jacques de la Farelle lègue à Barthélemy, Denis, Jean et Marguerite, ses enfants, nés après l'année 1577, époque où il a fait son testament, cinq cents livres à chacun. Seulement il veut que ses trois filles Isabelle, Marie et Marguerite, reçoivent, en plus des cinq cents livres qu'il leur a léguées, quatre cents livres, ce qui portera leur légitime à neuf cents livres.

Il confirme à Anne de la Farelle, sa fille naturelle, la donation qu'il lui a faite, en son testament, et il veut qu'elle soit nourrie dans sa maison jusqu'à son mariage, et tant qu'elle restera fille.

Il ordonne expressément que son fils Jacques de la Farelle, son héritier universel, ne puisse faire aucun contrat important, mariage ou aliénation, ni voyages, qu'en prenant l'avis de Guillaumette de Malmazet, sa mère, de Gaucen de la Farelle et Jacques Davin, ses

---

1. Il avait épousé Dauphine de Malmazet, sœur de Guillemette.
2. Et. de Cantalupa, notaire à Anduze. Reg. de 1577, fo 97.

oncles, et s'il contrevient à cette défense, il le prive de son héritage.

Il confirme tout le surplus de son testament. Ce codicille fut passé dans la salle de la maison où le sieur de la Farelle « *gist malade* » en présence de Mes Claude de Favier, lieutenant particulier en la cour du sénéchal, Pierre de Montelz et Loys Bosquier, docteurs et avocats, de Nimes, noble Pierre d'Ayrebaudouze, seigneur de la Blaquière, et M° Tannequin Guilhaumet, chirurgien [1].

Jacques de la Farelle mourut peu de temps après avoir fait ce codicille.

Guillaumette de Malmazet, géra, après la mort de son mari les biens de la succession, elle afferma, le 15 octobre 1590, le mas de Vistre [2], et fit dans le courant de la même année une reconnaissance féodale à Jean Parades, avocat [3].

Elle testa trois fois. Par son premier testament du 5 février 1573, elle légua aux pauvres de Nimes vingt livres, à Isabeau, sa fille, 600 livres, à Jacques et Théophile, ses fils, 500 livres à chacun, à Anne, fille naturelle de son mari, 30 livres, et fit son héritier universel son mari [4].

Dans son second testament, (6 mars 1589), elle donna 30 livres pour de pauvres filles à marier, à Jean 1000 livres, à Théophile, le mas du Grès dit de Boisson; à Marguerite, 1000 livres, deux robes cote de damas rouge et cote camelot, une chaîne et une bague d'or, une chaîne avec clavier d'argent; à Isabelle 1000 livres, et deux robes gounelle taffetas blanc, et gounelle taffetas tanné; à Anne, fille

1. François Ménard, notaire à Nimes. Reg. 1585, f° 329, v.
2. Ibid. Reg. 1590, f° 309.
3. Ibid. Même reg. f° 605.
4. Et. de Cantalupa, notaire à Anduze. Reg. de 1573, f° 14.

naturelle de son mari, 50 livres. Jacques de la Farelle, son fils aîné, est élu héritier universel [1].

Enfin par son troisième testament elle annule les deux précédents, élit sa sépulture en la forme de ceux de l'église réformée, donne aux pauvres dix écus, lègue à Jacques et Jean, ses fils, et à chacun 333 écus deux tiers, à Isabeau, sa fille, 333 écus en plus de ce qu'elle lui a constitué en son contrat de mariage ; à Anne, fille naturelle de son mari, 16 écus, outre ce qu'elle lui a constitué en la mariant, Théophile de la Farelle, son autre fils, est nommé son héritier universel [2].

Guillemette de Malmazet dut mourir peu après ce dernier testament, nous ne la rencontrons plus, à partir de cette époque, dans les actes passés par ses enfants.

Jacques I de la Farelle et Guillemette de Malmazet eurent pour enfants :

1. *Jacques II*, qui continua la race.

2. *Théophile*, docteur et avocat au présidial de Nimes, héritier universel de sa mère, fit lui-même héritier de ses biens, Claude, son neveu, et mourut à Nimes, le 29 juillet 1606 [3].

3. *Pierre*, né à Anduze le 8 août 1573, présenté par son oncle Pierre de la Farelle [4]; il dut mourir jeune.

4. *Isabeau*, morte à Nimes, le 25 octobre 1622 [5], avait épousé, par contrat du 20 février 1596 [6], *Jean* BONAUD [7],

---

1. J. Ménard, notaire à Nimes. Reg. 1589, f° 54.
2. F. Ménard, notaire à Nimes. Reg. de 1596, f° 327.
3. *Arch. com. de Nimes.* UU. 118, f° 68, V.
4. *Arch. com. d'Anduze.* Reg. baptistaires protestants.
5. *Arch. com. de Nimes.* UU. 118, f° 248.
6. F. Ménard, notaire à Nimes. Reg. de 1596, f° 87, v.
7. BONAUD porte : *D'argent à trois pals de gueules, au chef d'azur chargé de trois étoiles d'or. (Armorial de 1696,* Reg. Montpellier-Montauban, p. 262)

écuyer; elle reçut en dot 783 écus un tiers sol, et deux robes nuptiales. A la signature du contrat assistèrent Jacques et Antoine Davin, docteurs et avocats, Yves Bonaud, docteur et avocat, frère de l'époux, Pierre Veyras, docteur en médecine, tous de Nimes, Gabriel de la Farelle, docteur ès-droits, du Vigan, Pons de Brignon, seigneur de Saint-Théodorit, et Tameguy Guilhaumet.

Le 16 juin suivant, Jean Bonaud reçut de Jacques de la Farelle, son beau-frère, 300 écus sol, dont il lui fit quittance.

5. *Marie*, dont nous ignorons la date de la naissance et de la mort.

6. *Jeanne*, née le 15 décembre 1577, présentée par Raymond de la Farelle, son oncle [1].

7. *Barthelemy*, baptisé [2] le 15 août 1581, présenté par Antoine Barthelemy, receveur.

8. *Denis*, baptisé [3], le 20 mars 1583, présenté par Denis de Brueys, seigneur de Saint Chaptes, juge criminel.

9. *Jean*, baptisé [4] le 17 mars 1585; il épousa *Jeanne* Ediève; il vivait encore en 1640, lorsque Claude, son neveu fit son testament.

10. *Marguerite*, morte à Nimes, le 28 avril 1596.

---

1. *Arch. com. de Nimes*. Reg. UU. 92.
2. Ibid. Même registre.
3. Ibid. Même registre.
4. Ibid. UU. 93, f° 5.
5. Ibid. UU. 118, f° 12.

IX

JACQUES DE LA FARELLE

IIe DU NOM

Docteur ès-droits et avocat au présidial de Nimes, *Jacques II* DE LA FARELLE, fit son testament [1] le 9 février 1605, et mourut à Nimes, le 13 du même mois [2].

Jacques II avait épousé, à Saint-Maurice-de-Cazevielle [3], *Isabeau* DE COMBIER [4], fille de Simon et de Jeanne Conte, par contrat [5] du 20 avril 1599. Sa femme reçut en dot par cet acte, la somme de 1550 écus.

A son mariage assistèrent Pierre et Raymond de la Farelle, ses oncles, Jacques et Pierre de la Farelle d'Anduze, Guillaume de Raymond, sieur de Brignon, et Charles du Solier, sieur de Branoux, ses cousins.

Le même jour, Jacques fit à son beau-père une reconnaissance notariée de la dot de sa femme et reçut de lui 223 écus un tiers sol.

Il avait vendu, quelques années avant son mariage, tous les biens qu'il possédait à Saint-Mamert, à Antoine Deydier, sieur de Puechméjan, au prix de douze cents livres (15 octobre 1592) [6].

---

1. LACHESNAYE-DESBOIS, *Dictionnaire de la Noblesse*, T. VI, p. 252.

2. *Arch. com. de Nimes*, UU. 118, f° 60, v.

3. Commune du canton de Vézenobres (Gard).

4. DE COMBIER ou DESCOMBIÈS porte : *De..... au léopard passant surmonté d'un croissant au chef chargé de trois étoiles*. (Cachet de famille sur lequel les émaux ne peuvent se déchiffrer). Les Descombiès ont fait plusieurs branches à Nimes et à Uzès, et se sont éteints au commencement de notre siècle.

5. Ant. Ariges, notaire à Boucoiran. Reg. de 1599, f° 109.

6. F. Ménard, notaire à Nimes. Reg. 1592, f° 456.

Jacques mourut jeune; c'est ce qui fait qu'il n'a pu jouer aucun rôle dans la conduite des affaires de la cité.

De son mariage avec Isabeau de Combier ont été procréés :

1. *Louis*, né le 18 août 1602, présenté au baptême le 13 novembre suivant par Hippolyte (?) de la Farelle et Jeanne Combier [1].

2. *Claude*, qui continua la race.

3. *Raymond*, frère jumeau de Claude, né le 2 avril 1604, présenté le 5 par Raymond de la Farelle, d'Anduze, et Sibylle de Combier [2]; il mourut le 8 juillet 1605 [3].

4. *Isabeau*, née le 2 juillet 1601, mariée par publication au temple de Nimes [4], du 7 mai 1632, à *Jean* ROQUETTE docteur et avocat, fils de Marc, notaire royal d'Anduze, et de Jeanne Surian. Le contrat de mariage reçu par M° Abraham Paul, notaire à Nimes, le 1er mars, fixait la dot d'Isabeau à 5.000 livres, et 600 livres de robes, bagues et joyaux, plus 550 livres à elle léguées par Claude Combier, son oncle, dans son dernier testament. L'acte fut passé dans la maison de Claude de la Farelle, docteur et avocat, frère d'Isabeau, en présence de noble Etienne de Galhan, M° Robert de la Farelle, sieur de la Blaquière, M° Yves Bonaud, docteur et avocat, Pierre Bonaud, Charles de la Farelle, Jacques du Plan et Pierre de Pontier, écuyer d'Anduze [5].

5. *Marie*, née vers 1608, épousa après publication faite au temple de Nimes [6], le 20 février 1633, *Jean* DE SAINT-

---

1. *Arch. com. de Nimes*. UU. 94, f° 27.
2. Ibid. UU. 94, f° 80, v.
3. Ibid. UU. 118, f° 60, v.
4. Ibid. UU. 1, 4° partie.
5. *Archives du Présidial de Nimes*. Reg. des Insinuations, 1632, f° 194, v.
6. *Arch. com. de Nimes*, UU. 1, 4° partie.

Loup [1], docteur en médecine, à Sauve; elle avait eu 3.000 livres de dot, et mourut à Anduze, le 11 octobre 1683, âgée de 75 ans [2], son mari l'avait précédée dans la tombe depuis l'année 1660.

X

CLAUDE DE LA FARELLE

Ier DU NOM, SEIGNEUR DE VEDELENC

Né à Nimes le 2 avril 1604, *Claude* DE LA FARELLE fut présenté au baptême par Claude de Combier et Dauphine de Malmazet, femme de Jacques Davin, avocat, ses oncle et tante [3].

Il étudia le droit dans l'une des universités de la province, et lorsqu'il eut terminé ses études, il reçut le docto-

---

1. La famille DE SAINT-LOUP était originaire de Thionville. Lorsqu'il fallut remplacer le ministre Tortolon à Sauve, le colloque de Mayence (!) *donna* Abraham de Saint-Loup (né à Thionville vers 1570) à cette église ; le pasteur Roger, de Ganges, lui imposa les mains et il commença de prêcher au mois de novembre 1600, « au grand contentement de l'Eglise... »

Abraham se maria peu de temps après son arrivée avec Marguerite Bonet qui le rendit père en 1604 de Jean. A la mort de sa femme, il se remaria avec Pierrette de Castelviel, qui lui donna trois autres enfants; Pierre en 1607 ; Olympe en 1610; Gédéon en 1611. Pierrette étant morte, Abraham convola en 3es noces en 1617, avec Diane de Philip dont il n'eut pas d'enfants; il mourut en 1641, « fort pleuré de l'église... »

Jean de Saint-Loup, fils ainé d'Abraham et mari d'Isabeau de la Farelle eut deux enfants, Louise et Jonathan, morts en bas âge.

Sa veuve transigea avec Anne Granier, héritière de la 3e femme d'Abraham de Saint-Loup, et sur la dot de 3000 livres qu'elle avait eue, elle put obtenir seulement 1200 livres d'immeubles. (1662 acte reçu D. Doulmet, notaire à Sumène) ; elle se retira alors à Anduze, probablement auprès de sa sœur Isabeau.

(Notes de M. Boiffils de Massanne, de Sumène).

2. *Arch. du Présidial de Nimes*, 9e division. Reg. du consistoire d'Anduze, 1683.

1. *Arch. com. de Nimes*, UU. 94, f° 80, v.

rat, et se fit recevoir avocat au présidial et en la sénéchaussée de Nimes.

La Chesnaye Desbois dit dans son *Dictionnaire de la noblesse* [1] qu'il se maria en 1620 ; grossière erreur que les registres de la religion réformée de Nimes nous permettent de corriger [2]. C'est le 30 novembre 1630 que Claude épousa *Marie* DE CHAMBON, fille de Noé Chambon, procureur à la chambre de l'édit de Castres, et de Catherine Deyron [3], qui lui constituèrent 9000 livres de dot.

Avant son mariage Claude de la Farelle avait acheté le fief de *Vedelenc* situé dans les garrigues de Nimes, à une lieu à l'ouest de cette ville [4] ; il en porta depuis lors le titre.

Les anciennes minutes du notariat de Nimes, contiennent bon nombre d'actes passés par Claude de la Farelle, ou dans lesquels il est simplement témoin.

Le 14 juin 1632, Pierre Bonaud, écuyer, son parent,

---

1. Tomo VI, p. 252.
2. « Du dimanche dernier novembre 1630.....
« Entre Monsieur Me Claude de la Farelle, docteur ès droits, seigneur de Védelenc, d'une part, et demoiselle Marie de Chambon, du dy Nismes dautre. » (*Arch. com. de Nimes*, UU. 1, fo 97, v.)
3. Les noms du père et de la mère de Marie de Chambon nous sont donnés par son testament.
La famille CHAMBON était originaire des Vans, en Vivarais. Les DEYRON jouissaient, parmi les familles bourgeoises de Nimes, d'une grande réputation. La plupart de ses membres brillaient au barreau Nimois et l'un d'eux, Jacques Deyron, a écrit un important ouvrage sur les antiquités de Nimes, ouvrage dont la première édition : *Des anciens bâtiments de Nismes* parut en 1656, et la seconde : *Les antiquités de la ville de Nismes*, en 1663.
Catherine Deyron, mère de Marie de Chambon, était née à Nimes, le 28 août 1588.
4. L. MÉNARD. *Histoire de la ville de Nimes*, T. VII. Notice de la viguerie de Nimes, p. 631, col. 2.

reconnut lui devoir 228 livres, montant des habits, et nourriture que le dit Claude lui avait fournis pendant un an [1].

Claude eut un différend avec Jacques Duplan, un de ses parents; la cour et chambre de l'édit de Castres, le condanna à payer, au dit Jacques la somme de 1600 livres, que ce dernier fit saisir sur le fermier de la métairie du Plan, près le Vistre et le Pont d'Arles [2], appartenant à Claude, (9 juillet 1637).

Claude de la Farelle, testa le 20 avril 1640, par devant Me Jacques Ducros, notaire royal de Nimes [3]. Il élit sa sépulture au cimetière de la religion réformée de cette ville, léguant aux pauvres de la dite religion 60 livres.

Il lègue encore à Jean et François, ses enfants légitimes, 2000 livres à chacun, et fait ses héritières universelles damoiselle Isabeau de Combier, sa mère, et damoiselle Marie de Chambon, sa femme, à la charge de remettre la dite hérédité à Claude de la Farelle, son fils aîné.

Si sa dite mère ne voulait régir le dit héritage par moitié, il lui lègue une pension de 200 livres et une chambre dans sa maison garnie de tous les meubles nécessaires.

Il établit, de plus, la substitution entre ses enfants, suivant le degré de primogéniture.

Si tous ses enfants décedent sans postérité il leur substitue Jean de la Farelle, son oncle.

Claude mourut à Nimes, le 21 octobre 1651 [4].

Marie de Chambon, sa veuve, fit son testament, le 28 décembre 1693. Par cet acte elle légua aux pauvres de l'hôpital général de Nimes, 150 livres; à noble Jean de la

1. *Arch. du Gard*, E. 262, f° 479.
2. Id. E. 267, f° 380.
3. *Notariat de Nimes.* Jacques Ducros, notaire.
4. *Arch. com. de Nimes.* UU. 119, f° 121, v.

Farelle, son fils, 4500 livres ; à noble Jean-Louis de la Farelle, et à demoiselle Claudine de la Farelle ses petits-fils et petite-fille, absents du royaume pour fait de religion, en cas qu'ils rentreraient en France, la portion qui leur compète sur les biens donnés ou retenus de la dite testatrice.

Elle fait son héritier universel, noble Pierre de la Farelle, son petit-fils, et comme il n'a pas d'enfants, elle lui substitue, noble Jean de la Farelle, son propre fils, pour recueillir la somme de 9000 livres de sa dot, et la succession de Noël Chambon et Catherine de Deyron, ses père et mère.

Ce testament fut rédigé à Aimargues dans la maison du dit Jean de la Farelle, fils de la testatrice, en présence de Mᵉ François Coste, docteur et avocat, de Laurent Londès, bourgeois, et de Antoine Veissière, chirurgien-major dans le régiment de cavalerie du dauphin [1].

Marie de Chambon mourut à Nimes, le 17 novembre 1696, à l'âge de 81 ans, et fut enterrée dans la vieille église du Châpitre [2].

Claude de la Farelle et Marie de Chambon ont eu cinq enfants.

1. *Claude II* DE LA FARELLE, dont l'article suit : XI.

2. *Jean*, né à Nimes le 6 août 1636, présenté au baptême le 9 par M. Jehan de la Farelle et Catherine de Deyron [3].

Docteur et avocat, Jean prit le titre de sieur de Védelenc ; dans sa jeunesse il avait étudié la théologie à Aimargues, chez Louis Chambon, son oncle, ministre de cette

1. *Notariat de Vergèze.* Guil. Peiromet, notaire. Reg. 1692 à 1694, fᵒ 159.
2. *Arch. com. de Nimes*, UU. 12, fᵒ 63, v.
3. Ibid, UU. 96, fᵒ 64.

ville. C'est là qu'il fit son testament, le 26 juin 1662, léguant à sa mère, Marie de Chambon, 500 livres, et nommant Jean de la Farelle, son frère le plus jeune, son héritier universel [1].

Jean fut tué d'un coup de pistolet que lui tira le notaire Dugal. Voici dans quelles circonstances [2] : Le 11 janvier 1669, à sept ou huit heures du soir, le sieur de Vedelenc passait sans armes, dans la rue qui était devant le jeu de paume, au-dessous des Arènes, lorsqu'il fut assailli par le notaire Dugal, son ennemi et quelques complices. Pour se garantir il se jeta dans la maison du bourreau Ferroy située tout près, mais à peine sur la porte, il reçut un coup de pistolet qui l'atteignit à la cuisse droite au-dessous de l'aine, et qui l'étendit raide dans l'appartement du bourreau.

Maîtres Moynier et Galafrès, chirurgiens que l'on avait priés de venir, soignèrent l'infortuné. Le pasteur Parades lui donna les premiers secours de la religion, l'exhortant à se préparer à la mort. Vers neuf heures, le prévot en chef Guiran arriva et interrogea le sieur de Vedelenc qui put dire seulement : « C'est Dugal, notaire, qui m'a assassiné ! » On le porta chez lui, mais il mourut en route [3].

3. *François*, né à Nimes, le 16 janvier 1638, baptisé le 26 avril suivant [4]. Parrain, noble Claude de Combier, marraine demoiselle Françoise de Chambon.

4. *Jean II*, qui continua la descendance.

5. *Yves*, né à Nimes, le 24 novembre 1642, présenté au

1. G. Gautier, not. au Cailar. Reg. 1660-1673, f° 146.
2. *Arch. du Présidial de Nimes.*
3. *Arch. comm. de Nimes*, UU. 99, f° 3.
4. *Arch. comm. de Nimes*, UU, 96, f° 98.

baptême, le 26 du dit mois [1], par Yves Bonaud et demoiselle Marie de Deyron.

Yves mourut quelques jours après (4 décembre 1642) [2].

XI

CLAUDE DE LA FARELLE

IIme DU NOM, SEIGNEUR DE VÉDELENC

Ainsi que son père, *Claude* était docteur et avocat au
présidial de Nîmes ; il naquit dans cette ville le 27 mars
1634. Son grand-père, Noël Chambon, procureur en la
chambre de l'édit de Castres fut son parrain, et demoiselle
Isabeau de Combier sa marraine [3].

Claude testa à Nîmes (Daleyrac, notaire), le 5 juin 1673
et mourut deux jours après [4]. Il fut inhumé, le 8 juin, au
cimetière de la couronne, en présence de Pierre Graverol,
son beau-père, Jean Rey, son oncle, et noble Jacques de
Boileau, seigneur de Castelnau.

Claude avait épousé au temple de Nîmes, le dimanche
1er avril 1660 [5], *Claudine* DE GRAVEROL [6], née à Nîmes le

---

1. *Arch. com. de Nîmes*, UU, 96, f° 184.
2. Ibid. UU, 119, f° 39.
3. Ibid. UU, 96, f° 9.
4. Ibid. UU, 99, f° 24.
5. Ibid. UU, 97, f° 228.
6. GRAVEROL, a pour armes : *D'argent au chevron de gueules
accompagné de trois merlettes de sable.*
(POPLIMONT, *France héraldique*, t. IV, p. 223). Cette famille était
une des plus anciennes de Nîmes. Le frère de Claudine, Jean
Graverol, ministre de l'église réformée publia *l'Histoire abrégée
de la ville de Nîmes, où il est parlé de son origine, des beaux
monuments de l'antiquité qui s'y voient,* etc. Londres 1703.

28 février 1643 [1], fille de Pierre Graverol, procureur, et de Claudine d'Aldebert.

Claudine de Graverol ne voulut pas suivre l'exemple de son fils et des autres membres de sa famille qui abjurèrent en 1685. Elle se cacha pendant quelque temps, mais son fils aîné Pierre de La Farelle indiqua le lieu de sa retraite, dans l'espoir que se voyant prisonnière elle abjurerait [2]. On l'enferma au couvent des Ursulines de Nimes, et on la transféra successivement au Puy, au château de Sommières, et ensuite finalement à l'hôpital de Valence, où elle eut à subir les obsessions du sieur d'Hérapine qui cherchait à la convertir. Son fils fit de pressantes instances pour la tirer de là, et obtint qu'elle fut envoyée au couvent de Sainte-Ursule, de Saint-Chamonten-Forez, où elle se trouvait encore au mois de février 1688. Quelque temps après on l'expulsa, et elle mourut à l'étranger nous ne savons à quelle époque.

Claude II de La Farelle eut de son mariage :

1. *Pierre,* qui continua la descendance.

2. *Claudine,* qui passa à l'étranger en 1686, et qui est nommée au testament de son frère Pierre, en 1695.

3. *Jean-Louis,* né à Nimes le 23 avril 1670, présenté au baptême [3] le 15 mai suivant, par noble Jean de la Farelle, écuyer, son oncle, et demoiselle Marie de Graverol, sa

---

1. *Arch. comm. de Nimes,* UU. 96.

2. Dans une lettre au Secrétaire d'Etat, Pierre de la Farelle le supplia de permettre à sa mère de sortir de France, ou bien de la reléguer dans une maison de campagne qu'il possédait. Il craignait que sa détention abrégea ses jours..... ce qui redoublerait « mon affliction, puisqu'il semblerait en quelque manière que je « lui aurai abrégé ses jours par le moyen que je donnais de la « faire arrêter, croyant que sa détention l'obligerait à imiter « ses enfants. »

3. *Arch. comm. de Nimes,* UU, 99, f° 30.

tante: Jean-Louis avait suivi sa sœur Claudine à l'étranger, et comme elle nous le trouvons mentionné dans le testament de Pierre son frère.

4. *Charles*, né à Nimes le 30 novembre 1671, baptisé le 18 décembre suivant [1]. Parrain, Mᵉ Jean de Graverol, ministre de Villeneuve-de-Berg, son oncle; marraine, Bernardine de Chambon, femme de Jean Rey, bourgeois.

5. *Anne*, née à Nimes le 7 novembre 1673, présentée au baptême [2], le 9 du même mois par Louis Graverol, docteur et avocat, son oncle, et demoiselle Anne de Vidier femme de sieur Jean de La Farelle, de la ville d'Aimargues.

XII

PIERRE DE LA FARELLE

SEIGNEUR DE VÉDELENC

Pierre naquit à Nimes le 2 août 1661. Claude Graverol, procureur et demoiselle Marie de Chambon, le présentèrent au baptème, le 6 du dit mois [3].

Pierre était, en 1692, conseiller du roi et contrôleur général des fermes des Corbières et Côtes du Languedoc ; nous le trouvons ainsi désigné, dans une reconnaissance féodale qu'il passa comme héritier de son père, le 27 février de cette année là [4].

Le 31 juillet 1690, il avait pourvu à la vacance de la chapellenie « fondée par ses prédécesseurs dans l'église

---

1. *Arch. com. de Nimes*, UU, 100, fᵒ 63.
2. *Arch. com. de Nimes*, UU, 100, fᵒ 45.
3. Ibid, UU, 98, fᵒ 128.
4. Borrely, notaire à Nimes, an 1692.

de Saint-Jean-de-Valériscle... », dont il était le patron [1].

Il se maria dans l'église-cathédrale de Nimes, le 7 mai 1685, avec *Alexandrine* MARTIN DE LAVAL [2].

Le contrat, rendant public leurs pactes de mariage, fut reçu par Me Charraud, notaire de Nimes, le 18 août suivant.

Pierre fit son testament à Aimargues, le 15 juin 1695. Il élit sa sépulture dans l'église des Capucins de Nimes, lègue aux pauvres de l'hôpital général de cette ville, 60 livres, et aux Capucins, pareille somme destinée à sa sépulture dans leur église et à dire des messes pour le repos de son âme.

Il confirme les avantages qu'il a faits à dame Alexandrine de Martin de Laval, sa femme, au contrat de leur mariage.

Il fait son héritier universel le posthume qui pourra naître.

S'il meurt sans enfants, il substitue son héritage à Claudine de Graverol, sa mère, à Jean-Louis et Claudine de la Farelle, ses frère et sœur, au cas où ils rentreraient en France, et dans le cas contraire, à noble Jean de la Farelle, son oncle, où à ses héritiers [3].

Cette dernière substitution s'accomplit à la mort de Pierre de la Farelle, et la seigneurie de Vedelenc passa à Simon, fils de Jean et petit neveu de Pierre.

Pierre n'avait eu de son mariage qu'un fils : *Jacques*, né à Nimes le 1er décembre 1686 [4], mort le 12 janvier 1687 [5].

---

1. Borrely not. à Nimes, an. 1690.
2. *Arch. com. de Nimes*, UU, 97, fo 457 ve.
3. F. Augier, not. à Aimargues, reg. 1692 à 1697, fo 530.
4. *Arch. com. de Nimes*, UU, 9, fo 16, v.
5. Ibid, fo 42.

XI.bis

JEAN DE LA FARELLE

IIᵉ DU NOM

Jean DE LA FARELLE, troisième fils de Claude I et de Marie de Chambon, né à Nimes le 27 juillet 1640, fut présenté au baptême le 4 mars 1641, par Jean Couston et demoiselle Bernardine de Chambon [1]. Son état maladif dut faire retarder cette cérémonie.

Nous le trouvons, en 1662, faisant profession des armes pour le service du roi, mais il n'y resta que peu d'années.

Il se maria le 30 mai [2], (contrat du 25 juin) [3] avec *Anne* DE VIDIER, fille de Jean Vidier et de Marie de Bertrand. Les pactes du dit mariage passés à Aimargues, le 13 avril précédent, indiquent le consentement de Marie de Chambon, sa mère, de noble Claude de la Farelle, seigneur de Vedelenc, son frère, de Mᵉ Louis Chambon, ministre d'Aimargues, son oncle, de Mᶜ Jean Rey, docteur et avocat de Nimes, son cousin-germain, de Pierre Bonaud et Pierre Graverol, anciens procureurs, ses cousins. Les père et mère de la future lui donnèrent en dot tous leurs biens.

Anne de Vidier testa, le 11 décembre 1677, étant malade des suites de couches, et fit son mari héritier de ses biens, pour rendre à Marie, sa fille, et à son fils, non encore baptisé [4]. Elle mourut deux jours après [5].

1. *Arch. com. de Nimes*, UU, 96, fᵒ 150, v.
2. *Arch. com. de Saint-Laurent-d'Aigouze*, GG, 1.
3. Guil. Lautier, not. au Cailar. Reg. 1660 à 1673, fᵒ 817, v.
4. J. Constantin, not. à Aimargues. Reg. 1673 à 1681, fᵒ 263.
5. *Arch. com. d'Aimargues*, GG. 35.

Jean de la Farelle se remaria, à Vergèze, le 7 juin
1681 [1], (contrat du 18 mars [2]) avec *Marie* DE BERTRAND,
fille de Barthélemy Bertrand [3], capitaine, et de Marguerite
de Privadières [4], tous habitants de la ville d'Aimargues.

Marie de Chambon, mère de Jean de la Farelle lui
donna pour ses droits maternels la somme de 2500 livres.
Barthélemy Bertrand et Marguerite de Gaude donnèrent
de leur côté, à leur fille, la troisième partie de leurs biens.
Louise d'Astier veuve de Jacques de Gaude, sieur de

---

1. *Arch. du Présidial de Nimes.* Reg. de Vergèze, 1681.

2. F. Augier, not. à Aimargues, reg. 1679 à 1681, f° 463.

3. *Jean* BERTRAND, originaire d'Uzès, et notaire ducal, s'établit
à Aimargues en 1598; il s'y maria avec Jeanne Selve et en eut
entr'autres enfants : Guillaume Bertrand.
Guillaume épousa Marie de Gautier, fille de Paul Gautier,
capitaine, frère de Jean, gouverneur du Fort de Peccais, et
d'Anne d'Ayrebaudouze. (*Notarial d'Aimargues et d'Aiguesmor-
tes).*

4. La famille DE GAUDE possédait les seigneuries de Garrigues
et de Privadières, près de Saint-Chaptes (Gard).
Son premier auteur connu est noble *Jacques* de Gaude, seigneur de Garrigues, qui épousa *Louise* DE BOURDIN. En 1566, il
quittança 1150 livres à Robert de Bourdin, gouverneur de Sommières, son beau-père.
Il eut deux enfants : noble *Jean* de Gaude, seigneur de Garrigues, baptisé à Nimes, le 20 octobre 1573, marié à *Jeanne* DE
CASSANGUES, et noble *Pierre* de Gaude, seigneur de Garrigues
après son frère.
Pierre se maria avec *Françoise* DE VERGÈZE D'AUBUSSARGUES,
testa le 31 mars 1600 et mourut en 1619. Il laissa :
A. *Claude* de Gaude seigneur de Garrigues, époux de *Claude*
DASTIER, qui le rendit père d'un fils : François, mort sans être
marié; et d'une fille *Louise*, femme de noble *Pierre* DE BAZAN, de
la ville de Lunel.
B. *Jacques*, seigneur de Privadières, épousa *Louise* d'Astier,
belle-sœur de son frère, le 26 février 1624 ; il en eut :
1. *François*, mort avant 1649; 2. *Jean*, mort jeune ; 3. *Marie*,
femme le 25 mai 1652 de *Pierre* BONAUD ; 4. *Marguerite*, femme,
le 7 juin 1661, de *Barthélemy* BERTRAND, capitaine ; 5. *Philippe*,
femme, le 9 février 1671, de *Michel* VIVENS, contrôleur du grenier
à sel de Lunel.

Privadières, grand'mère de la mariée, confirma la donation qu'elle lui avait précédemment faite de tous ses droits sur la métairie d'Astier.

Jean de la Farelle fit de nombreuses acquisitions de terres à Aimargues, et nous le voyons au commencement du XVIIIe siècle l'un des plus grands propriétaires fonciers de cette ville.

Il fit un premier testament, étant alors au service du roi, en faveur de Jean, son frère aîné (26 juin 1662)[1]; il en fit un second, le 15 septembre 1704. Par cet acte il veut être enseveli au cimetière catholique d'Aimargues[2]; il lègue aux pauvres de ladite ville 60 livres; à Louise de la Farelle sa fille, 6500 livres; à Alexandrine de la Farelle, son autre fille, 5000 livres; à nobles Simon et Bertrand de la Farelle, ses fils jumeaux, et à chacun 2500 livres; à Marie de la Farelle, sa fille, femme du baron de Laval, outre sa constitution dotale, 5 sols. Il fait ses héritiers universels Marie de Bertrand, sa femme, et Barthélemy de la Farelle, son fils aîné, chacun pour une moitié, chargeant sa dite femme de remettre sa moitié au dit Barthélemy lorsqu'il aura atteint sa vingt-cinquième année.

Jean de la Farelle se trouvant très âgé fit une procuration à son fils Barthélemy, le 12 mars 1720[3], pour régir ses affaires. Il mourut à Aimargues, le 12 septembre 1721, et fut enseveli le lendemain dans l'église paroissiale Sainte-Croix[4].

Marie de Bertrand, sa femme, le suivit bientôt dans la

1. G. Lautier, not. au Cailar, reg. 1660 à 1673, f° 147, v.

2. Le 1er octobre 1685 Jean de la Farelle et Marie Bertrand avaient abjuré la religion réformée.

3. L. Londès, not. à Aimargues, reg. 1718 à 1723, f° 120.

4. *Arch. com. d'Aimargues*, GG, 11.

tombe, étant décédée le 10 octobre suivant [1], après avoir fait son testament le 14 avril 1712 [2].

Du mariage de Jean de la Farelle et d'Anne de Vidier naquirent :

1. *Jean*, né à Aimargues le 17 août 1671, baptisé le 30 du dit mois [3], parrain Jean Vidier, marraine demoiselle Marie de Chambon, ses grand-père et grand'mère. Jean mourut le 7 novembre de la même année [4].

2. *Marie*, née à Aimargues, le 25 février 1673, présentée au baptème par Claude de la Farelle, son oncle, et Marie de Bertrand [5] ; elle mourut le 30 août 1673 [6].

3. *Abraham*, né à Aimargues, le 3 décembre 1677. Abraham Vidier, docteur et avocat, et demoiselle Suzanne de Froment, femme de M. Chambon, ministre, le présentèrent au baptème [7]. Abraham décéda le 30 avril 1680 [8].

De son second mariage avec Marie de Bertrand, Jean eut les enfants qui suivent :

4. *Barthélemy* DE LA FARELLE, né à Aimargues le 27 août 1682, présenté au baptème le 30 du même mois par Barthélemy Bertrand, capitaine, son grand-père, et demoiselle Claudine de Graverol, veuve de feu Claude de la Farelle, sa tante [9].

Barthélemy embrassa de bonne heure la carrière des armes. D'après ses états de services [10], il fut nommé le

1. *Arch. com. d'Aimargues*, GG, 11.
2. L. Londès, not. reg. 1707 à 1712, fº 315, v.
3. *Arch. com. d'Aimargues*, GG, 32, fº 14.
4. Ibid, fº 25, v.
5. lbid, GG, 33, fº 9, v.
6. Ibid.
7. lbid, GG, 38.
8. Ibid, GG, 39.
9. Ibid, GG, 42.
10. *Archives du Ministère de la Guerre*.

29 décembre 1701, capitaine au régiment de la Force, devenu plus tard Caumont et de Laye, major le 11 mai 1707, lieutenant-colonel le 15 septembre 1711 ; il fut réformé avec le régiment de Laye, le 1er septembre 1715. Nommé commandant à Uzès le 1er juillet 1727, il occupa ce poste jusqu'en 1756. Il avait servi dans l'armée d'Italie en 1702 et 1705, et fait les campagnes de Catalogne et Roussillon de 1706 à 1714. Au cours de l'une de ces campagnes le roi le créa chevalier de Saint-Louis.

Comme ses prédécesseurs, Barthélemy de la Farelle nomma le recteur de la chapelle fondée à St-Jean-de-Valériscle, vacante par le décès de Gilles Bégault, archidiacre de la cathédrale de Nimes (4 septembre 1733) [1].

Il avait transigé le 21 mars 1730, à Nimes, avec François Descombiès [2].

Barthélemy eut de longs démêlés avec les consuls d'Uzès, au sujet du cérémonial qui devait être observé, et aux honneurs dus à son titre de commandant du roi, lors des chants des *Te Deum* et dans les autres cérémonies publiques. L'affaire fut portée au roi, qui rendit une ordonnance réglant l'ordre des préséances comme suit :

« ARTICLE PREMIER. — Lorsque le commandant de cette ville fera sa première entrée, les consuls iront en robes consulaires luy faire une visite et le complimenter sur son arrivée.

« ART. 2. — Lorsque le commandant se sera absenté par cause de la cour, les consuls lui feront tous ensemble, une visite non en robe, mais seulement en chaperon.

« ART. 3. — Lorsqu'il sera question d'un *Te Deum* ou

---

1. L. Londès, not. à Aimargues. Reg. 1731 à 1736, f° 164, v.
2. Rieuton, not. à Nimes. Reg. 1730.

autres cérémonies publiques, ordonnées par Sa Majesté,
le commandant fera avertir les consuls qu'il se propose
d'y assister à leur teste, auquel cas les dits consuls seront
obligez d'aller ensemble et en robbe prendre le dit commandant chez lui, qu'il marchera entre le premier et le
second pour se rendre à l'église, sans que les dits consuls
soient tenus de le reconduire chez luy, mais simplement
à l'Hôtel-de-Ville, s'il juge à propos de s'y rendre.

« Art. 4. — Que lorsqu'il se fera des feux de joye dans
la dite ville, ordonnez par S. M., le dit commandant fera
pareillement avertir les dits consuls qu'il veut y assister,
auquel cas les consuls députeront deux d'entre eux, dont
le premier sera exempt, lesquels iront en chaperon le
prendre à l'Hôtel-de-Ville, où les consuls prendront leurs
robbes, après quoi ils marcheront, le commandant entre
le premier et le second, et iront au bûcher, étant arrivez
un vallet de ville luy présentera un flambeau, ils se
retourneront ensemble dans le même ordre à l'Hôtel-de-
Ville où chacun se séparera... [1] »

Les *Archives de l'Hérault* mentionnent un placet adres-
sé au roi par Barthélemy de la Farelle, pour obtenir, pour
lui et ses sœurs, une pension sur les revenus de l'évêché
de Montpellier. Le ministre, Monsieur de Saint-Florentin,
écrivit à l'intendant de Saint-Maurice, la lettre suivante :

« A Versailles, le 9 avril 1736.

« Le chevalier de la Farelle, Monsieur, demande par le
placet ci-joint, que le roi veuille bien luy accorder une
pension, tant en considération de sa conversion, que de
l'état fâcheux où il se trouve réduit pour ne pas vouloir

---

1. *Arch. com. d'Uzès*, II, 133.

se rendre auprès d'un de ses oncles en païs étranger. Ayez s'il vous plaist, agréable de vous informer des faits qu'il expose et de me donner sur cela votre avis.

« Je suis toujours parfaitement, Monsieur, votre très humble et très obéissant serviteur.

« SAINT-FLORENTIN.

« A Monsieur de Saint-Maurice [1] ».

Le subdélégué de l'intendant répondit que M. de la Farelle, lieutenant-colonel réformé d'infanterie, était commandant à Uzès, qu'il possédait des biens-fonds considérables à Aimargues, et qu'il n'avait pas besoin de pension.

Barthélemy de la Farelle épousa à Toulouse le 16 septembre 1721 [2], étant alors lieutenant-colonel d'infanterie, *Madeleine* DE LOUET DE CALVISSON [3], fille de feu messire *Annibal* de Louet marquis de Calvisson, lieutenant-général en la province du Languedoc, et de dame *Louise* de Louet. Les pactes de mariage signés seulement des deux parties et datés du 1er août 1720, furent rendus publics le 30 décembre 1722 [4].

Barthélemy dut mourir dans les derniers mois de l'année 1757, ou dans les premiers mois de 1758.

Sa veuve, Madeleine de Calvisson, décéda à Aimargues où elle s'était retirée, le 20 août 1760, à l'âge de 60 ans [5].

1. *Arch. dép. de l'Hérault*, C, 419.
2. *Arch. com. d'Aimargues*, reg. GG, 11.
3. LOUET DE CALVISSON porte : *Palé d'azur et de gueules, semé de roses d'or brochantes sur les pals, qui est de Louet ; sur le tout d'argent au noyer de sinople, qui est de Nogaret* (L. DE LA ROQUE, t. I, p. 382).
4. L. Londès, not. à Aimargues, reg. 1718 à 1723, f° 351.
5 *Arch. com. d'Aimargues*, GG, 22.

Du mariage de Barthélemy et de Madeleine de Calvisson naquirent :

A. *Alexandrine-Madeleine*, née à Aimargues le 30 juin 1722, présentée au baptême [1] le 9 juillet suivant, par noble Simon de la Farelle de Vedelin, capitaine, et par demoiselle Alexandrine de la Farelle.

Alexandrine-Madeleine mourut le 22 avril 1723, et fut enterrée le lendemain [2].

B. *Alexandrine*, née à Aimargues le 11 mai 1728. Jean-Charles de Crussol, duc d'Uzès et demoiselle Alexandrine de la Farelle, la tinrent sur les fonds baptismaux, le lendemain 12 mai [3].

Alexandrine mourut en bas-âge.

C. N..... décédé à Uzès le 11 août 1732 [4].

D. *Marie-Louise-Madeleine*, née à Aimargues le 14 juillet 1731, baptisée le premier août. Parrain et marraine : noble Denis de Courseule des Epesses, et dame Marie de la Farelle de Laval [5]. Elle épousa Jean-René de Jouenne, marquis d'Esgrigny [6], seigneur de Maruéjol-lès-Gardon.

E. *Louis*, né à Aimargues le 19 février 1737, présenté au baptême [7] par Louis de Louet, marquis de Calvisson, et sa femme, la marquise de Calvisson. Louis mourut le 8 juin suivant [8].

5. *Marie*, née à Aimargues le 17 septembre 1686, baptisée le 21 du même mois [9]. Parrain : Michel Bonaud,

---

1, 2 et 3. *Arch. com. d'Aimargues*, GG, 11.

4. *Arch. com. d'Uzès.*

5. *Arch. com. d'Aimargues*, GG, 11.

6. DE JOUENNE D'ESGRIGNY a pour armoiries : *d'azur à trois croix potencées d'or posées 2 et 1*. (LACHESNAYE-DESBOIS, t. VIII, p. 249).

7 et 8. *Arch. com. d'Aimargues*, GG. 12.

9. *Arch. com. d'Aimargues*, GG, 6.

marraine : demoiselle Claudine de la Farelle ; elle épousa
à Aimargues, le 6 juillet 1703, noble *Pierre* DE MARTIN,
baron de Laval et de Dagné, fils de défunts Jacques de
Martin, baron de Laval, et de Catherine Poitrin de Florancourt [1].

6. *Alexandre* ou *Alexandrine*, née à Aimargues, le
23 octobre 1689, présentée au baptème [2], le 30 du dit mois
par Michel de Vivens, habitant de Lunel, et demoiselle
Louise de Bertrand, pour dame Alexandre de Martin de
Laval, femme de Pierre de la Farelle.

Alexandrine se maria à Aimargues, le 22 janvier 1735 [3],
avec noble *Henri* [4] DE BONIJOL, sieur du Brau [5], capitaine
dans le régiment de Picardie, fils de feu Henri et de dame
Espérance d'Andron ; elle mourut à Aimargues le 30 avril
1746 et fut ensevelie dans l'église de Sainte-Croix d'Aimargues, le 1er mai [6] ; son mari décéda dans la même ville,
le 10 septembre 1768, à l'âge de 80 ans [7].

7. *Simon*, qui continua la descendance.

8. *Bertrand*, frère jumeau de Simon, naquit à Aimargues, le 22 novembre 1692 et fut baptisé le même jour [8].
Parrain et marraine : Noble Simon de Courseule des
Epesses et demoiselle Marie de Richard.

---

1. *Arch. com. d'Aimargues*, GG, 9.

2. Ibid, GG, 6.

3. Ibid, GG, 12.

4. L'acte de baptême le nomme *Louis*, celui de mariage *Henri*, et celui de décès *Louis*.

5. DE BONIJOL DU BRAU, famille encore représentée en Picardie, a pour armes : *d'azur au chevron d'argent accompagné en chef de deux étoiles d'or, et en pointe d'un porcelet de même.* (*Armorial de Provence*, t. I. p. 168).

6. *Arch. com. d'Aimargues*, GG, 14.

7. Ibid, GG, 21.

8. Ibid, GG, 7.

Bertrand embrassa, comme ses frères, la carrière des armes, en septembre 1707, en qualité de cadet dans la compagnie de la Farelle au régiment de Laye ; nommé lieutenant au mois d'avril 1708 à la compagnie de la Perche, il fut fait capitaine au dit régiment en 1711. Il reçut des lettres, en mars 1712 pour passer à la lieutenance de la compagnie colonelle du même régiment avec sa commission de capitaine. Plus tard il se rendit aux Indes avec le même grade, suivant provisions du roi du 23 décembre 1726.

S'étant retiré du service il acheta la charge de maire alternatif de Rieux, et mourut à Aimargues le 18 janvier 1753 [1].

Il avait épousé à Aiguesvives, le 8 février 1735 [2], (pactes du 1er février, rendus publics le 9 du dit mois) [3], demoiselle *Suzanne* Marguerit, fille de *François* et de feu *Marie* Mirabaud. A la signature des pactes assistèrent noble Moyse Marguerit, ancien capitoul de Toulouse, oncle de la future, nobles Barthélemy de la Farelle, lieutenant-colonel d'infanterie et Louis de Bonijol du Brau, capitaine au régiment de Picardie, frère et beau-frère du futur. La dot était de 21.000 livres.

Bertrand de la Farelle n'eut pas d'enfants de son mariage. Il fit son testament olographe à Aimargues, le 15 mai 1752. Par cet acte [4] il veut être enterré dans l'église paroissiale de cette ville et sous le banc de sa famille ; il donne aux pauvres 200 livres, à la confrérie

1. *Arch. com. d'Aimargues*, GG, 17.

2. *Arch. com. d'Aiguesvives* (Gard), GG, 7, fo 83.

3. Sébastien Mirabaud, not. à Aiguesvives, Reg. 1735 à 1737, fo 10.

4. Guil. Coissard, not. à Aimargues, Reg. 1752.

du Saint-Sacrement 100 livres destinées à l'achat d'une clochette d'argent, à la confrérie des Pénitents 30 livres, aux RR. PP. Récollets 30 livres pour dire des messes. Il lègue à son neveu de la Farelle, fils de Simon son frère, douze mille livres ; à Madame de Laval, sa sœur, 5500 livres ; à Suzanne Marguerit, sa femme, la jouissance de tous ses biens. Il fait son héritier universel noble Barthélemy de la Farelle, son frère, commandant pour le roi à Uzès, avec clause de rendre le dit héritage à sa mort, à madame d'Esgrigny, sa fille, nièce du testateur.

Un codicille du 13 janvier 1753 réduisait à 8000 livres le legs fait à son neveu, et révoquant celui fait aux pauvres d'Aimargues, entendait que la somme de 200 livres fut employée à doter deux filles à marier, au choix de madame de la Farelle.

Suzanne Marguerit, veuve de Bertrand, décéda elle-même, à Aimargues, le 4 octobre 1765 ; son corps fut enseveli dans l'église paroissiale le lendemain [1].

XII

SIMON DE LA FARELLE

SEIGNEUR DE VÉDELENC

Né à Aimargues, le 22 novembre 1694, *Simon* fut présenté au baptème, le même jour, par François Coste, avocat qui prêtait la main à noble Barthélemy de la Farelle et par Louise de Bertrand, à la place de Louise de la Farelle [2].

---

1. *Arch. com. d'Aimargues*, GG, 22.
2. *Arch. com. d'Aimargues*, GG, 7.

Le chevalier de la Farelle (c'est ainsi qu'il est nommé dans les Mémoires de l'époque) est l'une des illustrations militaires dont s'honore la ville d'Aimargues, et c'est bien à tort, croyons-nous, qu'il ne figure pas dans la liste des hommes célèbres du Gard.

Simon apprit de bonne heure auprès de ses frères, le noble métier des armes. Dès l'année 1705 il entrait comme cadet au régiment de la Force, dans la compagnie commandée par son frère aîné. Promu lieutenant au dit régiment en mai 1706, à la compagnie de la Farelle, son frère, ensuite à celle de Dardes, il passa ensuite à la lieutenance de la compagnie colonelle du régiment le 26 juillet 1710. Le 26 mars 1712 il fut nommé capitaine de ce régiment, devenu de Laye, en remplacement de Bertrand, son autre frère.

Depuis l'année 1705 jusqu'à celle de 1715, époque où l'on incorpora le régiment de Laye dans celui de Blaisois, le chevalier de la Farelle prit part à tous les combats et à tous les sièges dans lesquels son régiment fut employé. Nommé major de la ville et citadelle de Pondichéry, par provisions du 28 septembre 1724, il reçut l'année suivante, le commandement des troupes qui devaient reprendre Mahé. Le succès de cette entreprise, dû en grande partie à son adresse et à son sang-froid, lui valut de nombreuses félicitations.

Le roi récompensa sa bravoure, en le nommant chevalier de Saint-Louis, le 21 janvier 1727, et en lui donnant une commission de lieutenant-colonel, le 19 février suivant.

Rentré en France, le chevalier de la Farelle, fut reçu dans l'ordre de Saint-Louis, dont il portait la croix depuis 1727, par Dugay-Trouin, lieutenant-général des armées navales (septembre 1729). Peu de temps après, il

retournait aux Indes, où il allait prendre le commandement des troupes de Pondichéry [1].

Revenu de nouveau en France, au mois de septembre
1735, il se maria à Paris, le 16 octobre suivant, avec
Barbe-Margueritte-Perrette Garnier de Granvilliers [2],
veuve de Jacques de Lesquen, marquis de la Villeme-
neust.

D'après le contrat de mariage, les biens du chevalier
consistaient en la somme de quatre-vingt mille livres,
ceux de sa future femme à la somme de deux cent qua-
rante-neuf mille trois cent quatre-vingt-sept livres [3].

Huit mois après son mariage, le chevalier de la Farelle
mourut à Paris (9 juin 1736).

Il ne laissa qu'un fils né posthume, qui suit :

XIII

BARTHÉLEMY SIMON-FRANÇOIS

COMTE DE LA FARELLE

Né à Paris le 11 décembre 1736, *Barthélemy-Simon-
François* DE LA FARELLE fut baptisé le même jour dans
l'église Saint-Eustache. Messire Barthélemy de la Farelle,
écuyer, commandant à Uzès et dame Catherine-Françoise

---

1. LENNEL DE LA FARELLE. *Mémoires du chevalier de la Farelle
sur la prise de Mahé*, Paris 1887, p. 1, 58, 68 et 73.

2. GARNIER DE GRANVILLIERS porte : D'azur à une tour crénelée
d'argent au chef cousu de gueules à un croissant d'argent.
accosté de deux étoiles de même.

3. Ballot et de Langlard, not. au Châtelet de Paris.

Garnier de Granvilliers, femme de Messire Claude Fleu-
ret, écuyer, le tinrent sur les fonds baptismaux [1].

Nous ne suivrons pas Barthélemy-Simon-François dans
toutes les étapes de sa vie militaire, ce serait dépasser le
cadre de cette courte notice. Nous donnerons seulement
ses états de service.

Admis dans la compagnie des cadets des colonies à
Rochefort, le 24 avril 1753, il la quitta le 21 février 1755,
pour s'engager le 29 avril suivant, comme volontaire dans
le régiment d'infanterie de Belzunce. Il y fut nommé lieutenant le 28 février 1756 et capitaine le 18 janvier 1760,
au régiment de Royal-Pologne. Reformé le 23 mars 1763,
il fut replacé à la tête d'une compagnie, le 5 mai 1772.

Nommé major le 24 mars 1774, lieutenant-colonel le 15
avril 1784, il devint colonel du 14° régiment de cavalerie,
le 25 juillet 1791, ensuite maréchal de camp, employé à
l'armée de l'intérieur (5 septembre 1792) et à l'armée du
Rhin (8 mars 1793) ; il fut suspendu de ses fonctions par
arrêté du Comité de salut public, le 15 mai suivant ; mais
les représentants du peuple près l'armée du Rhin, le
réintégrèrent dans son grade.

Le Comité de salut public ne se tint pas pour battu et
fit arrêter le général de la Farelle, le 8 novembre 1793.
Mis en liberté le 28 septembre 1794, il obtint sa retraite
le 8 février 1795.

Le général de la Farelle avait fait les campagnes d'Alle-
magne de 1757 à 1761, et en 1793 celles de l'armée du
Rhin ; il était chevalier de Saint-Louis depuis le 18 décembre 1776 [2]. Il mourut au château de Fransart (Somme), le
22 juillet 1820.

De son mariage contracté le 29 octobre 1786 avec

---

1 et 2. *Arch. du Ministère de la Guerre.*

Charlotte-Alexandrine DU PLESSIER, fille de Messire
Charles-Alexandre DU PLESSIER, seigneur de Hattan-
court et de Fransart, et de dame *Charlotte-Agnès*
GALHAULT, il eut les enfants suivants :

1. *N.....* né le 5 octobre 1787, mort jeune.
2. *Charles,* né au château de Fransart le 28 septembre
1789, baptisé le même jour. Parrain, messire André-
Louis-Florent Galhault, prêtre et chanoine de la cathédrale d'Arras. Marraine, dame Marie-Anne-Angélique du
Mercy, femme de messire Charles-César Joseph des Fos-
sés, chevalier, comte de Fransart.

Charles, sous-lieutenant au 30e régiment des chasseurs-
lanciers, fut tué au combat d'Ostrowno, le 25 juillet 1812.

3. *Geneviève-Alexandrine-Sophie,* qui suit :
4. Une autre fille morte en bas âge.

XIV

GENEVIÈVE-ALEXANDRINE-SOPHIE
DE LA FARELLE

Elle naquit le 13 décembre 1791, au château de Fran-
sart, où elle mourut le 9 novembre 1830. Elle avait
épousé, par contrat du 6 août 1817, *Charles-Joseph*
BUTEUX, fils de *Charles-Blaise* et de *Anne-Joseph* DE
WITASSE DE VILLECOURT, dont deux filles : *Françoise-
Sophie-Agathe* Buteux, femme de *Gonzalve* DU Bos, et
Cornélie-Ernestine Buteux, femme d'*Antoine-Jules*
LENNEL.

Monsieur *Antoine-Ernest* LENNEL, fils de ces derniers,

né à Abbeville (Somme), le 18 septembre 1844, a été autorisé, par décret présidentiel du 15 janvier 1879, à relever le nom de la Farelle, et à s'appeler à l'avenir : *Lennel de la Farelle*.

————————

BRANCHE D'ANDUZE

Le véritable auteur de la branche d'Anduze est noble Légier de la Farelle, mari de Marguerite du Vray, dont nous avons esquissé la biographie, au début de la notice sur la branche de Nimes.

Cette branche d'Anduze se subdivise elle-même en quatre rameaux que nous étudierons succinctement l'un après l'autre, savoir :

1er rameau : auteur, *noble Gaucen de la Farelle ;*

2e *Pierre de la Farelle ;*

3e *Raymond de la Farelle ;*

4e *Nicolas de la Farelle.*

PREMIER RAMEAU

VIII

GAUCEN DE LA FARELLE

Fils aîné de Légier, *Gaucen* ou *Gaucelm*, paraît en 1549. Le 6 juillet de cette année, son père lui donna la moitié de ses biens [1], en vue de son mariage, dont le con-

---

1. Ant. Deleuse, not. à Anduze, reg. 1549-1550, fo 50.

trat [1] fut passé à Durfort le dit jour, avec *Marguerite* DE
NOGARÈDE [2], fille de feu *Jean* du lieu de Durfort et de
Catherine VESSON. Antoine de Nogarède, frère de la fian-
cée, et sa mère, lui constituèrent en dot 333 livres 15 sols,
dont elle fit quittance à son frère [3]. Dans son contrat
Gaucen est qualifié *noble*.

Après la mort de sa femme, Gaucen se remaria avec
Isabeau DU RANC DE VIBRAC [4]. Comme héritier universel
de son père, il transigea avec son frère, M⁰ Jacques de la
Farelle, docteur ès droits, avocat au siège présidial de
Nimes (1571), touchant les biens et droits paternels et
maternels de ce dernier, qui lui en fit quittance le 18 avril
1571 [5]. Il transigea encore, le 21 avril du même mois, avec
noble Pierre, son autre frère, au sujet de la légitime de ce
dernier et d'un jardin que leur père avait donné à Pierre.
Gaucen paya à son frère 175 livres, et lui laissa la propriété de ce jardin [6].

Gaucen fit aussi un accord avec un autre de ses frères,
noble Raymond, habitant alors Frontignan; il lui paya
pour droits de légitime 250 livres (21 février 1572) [7].

Enfin, il transigea, le 13 mars 1577 [8], avec *noble* Nico-

---

1. Ant. Deleuse, not. à Anduze, reg. 1549-1550, f° 52.

2. DE NOGARÈDE avait les armoiries suivantes : *D'argent au
noyer arraché de sinople* (Cte E. DE BALINCOURT, *Hist. de la
maison de Genas*, p° 4).

3. Ant. Deleuse, loc. cit., f° 54.

4. DU RANC DE VIBRAC porte : *D'azur au rocher d'or, chargé de
deux palmes accostées de deux étoiles d'argent, le rocher surmonté en chef d'un croissant aussi d'argent.* (L. DE LA ROQUE,
Arm. de Languedoc, t. I, p. 190).

5. Ant. Deleuse, loc. cit., reg. 1571, f° 118, v.

6. Ibid. f° 121.

7. Ant. Deleuse, loc. cit., reg. 1572, f° 102.

8. De Cantalupa, not. à Anduze, reg. 1577, f° 88, v.

las, sieur de la Blaquière, encore son frère, et lui compta
la somme de 250 livres, représentant les droits de légitime paternelle et maternelle auxquels ce dernier pouvait
prétendre.

Gaucen avait été nommé, avant 1574, garde pour le roi
des gabelles à sel de la ville d'Anduze, charge qu'il occupa
jusqu'à sa mort.

Il testa deux fois ; les dispositions de son premier testament (30 janvier 1574) [1], étant reproduites dans le
second, nous analyserons seulement ce dernier.

Par cet acte [2], du 19 mai 1586, il veut être enseveli
*honnestement suyvant l'ordre de l'esglise chrétienne
réformée;* il lègue à la bourse des pauvres d'Anduze, 10 fr. ;
à Jacques de la Farelle, son fils aîné, et de feu Marguerite
de Nogarède, sa première femme, 1000 fr. ; à Daniel de la
Farelle, son autre fils, et de son second mariage avec
Isabeau Duranc, 200 écus d'or ; à Marie de la Farelle, sa
fille et de ladite Duranc, 200 écus d'or, et les robes ;
à Jean Robert, fils d'Elisabeth de la Farelle, sa fille, et à
Elisabeth du Verdier, fille de Jeanne de la Farelle, aussi
sa fille, chacun 25 fr. ; à Jacquette de la Farelle, fille de
Flavard de la Farelle, fils naturel du testateur [3], 25 fr.

Il lègue ensuite à Elisabeth de la Farelle, sa fille, femme
de Me Jean Robert, notaire, et à Jeanne de la Farelle, son
autre fille, femme de Jacques du Verdier, de Sauve, 5 sols
à chacune.

Le testateur veut que sa femme Isabeau Duranc régisse
et gouverne tous les biens qu'il délaissera et qu'elle soit

---

1. Ant. Deleuse. loc. cit., reg. 1574, f° 32.

2. Jean de Sostella, not. à Anduze, reg. 1586, f° 115.

3. *Flavard* se maria avec *Etiennette* DE VIGNOLLES, dont il eut
six fils et une fille. L'un d'eux, *Isaac*, épousa *Marie* FAGES, qui
lui donna quatre fils, dont nous ignorons la postérité.

vêtue, chaussée et entretenue tant qu'elle restera en viduité.

Il nomme Pierre de la Farelle, son second fils, son héritier universel et lui substitue Daniel, Jacques, Marie, Elisabeth et Jeanne ses autres enfants.

Gaucen mourut quelques jours après, puisque noble Pierre Deleuse qui avait acheté la charge de garde-sel, la vendit, la même année, à Louis Caussargues de Rochon [1].

De son mariage avec Marguerite de Nogarède, Gaucen n'avait eu qu'un fils : *Jacques*, qui, de son union avec *Judith* DE LIGIER, laissa trois fils : *Jean*, baptisé le 13 janvier 1595 [2], et qui transigea [3] avec son frère Antoine le 4 septembre 1624, touchant les biens à eux donnés par leur mère. Il habitait alors Générargues. *Antoine*, baptisé le 15 mai 1598; *Raymond*, baptisé le 9 avril 1604.

De son second mariage avec Isabeau du Ranc de Vibrac, naquirent :

1. *Pierre*, qui continua la descendance;

2. *Daniel*, qui a formé le rameau des Vignolles de la Farelle, que nous donnerons à la suite; IX [bis].

3. *Josias*, baptisé le 10 mai 1565, nommé au premier testament de son père, mort avant 1586;

4. Elisabeth, baptisée le 21 août 1566, femme de *Jean* ROBERT, notaire d'Anduze ;

5. *Jeanne*, baptisée le 24 février 1568, femme de *Jacques* DU VERDIER, de Sauve.

1. *Archives dép. du Gard*, E. 298, f° 286.
2. *Archives communales d'Anduze.*
Ces archives n'étant pas inventoriées, et ne portant pas de cote officielle, nous avertissons le lecteur que toutes les dates de naissance, de mariage et de décès des membres de la branche des la Farelle d'Anduze, sont tirées, sauf indication contraire, des registres du Consistoire ou curiaux de ladite ville.
3. *Notariat d'Anduze.*

6. *Suzanne*, baptisée le 6 août 1572, morte avant 1586 ;

7. *Marie*, baptisée le 25 août 1574.

IX

PIERRE II DE LA FARELLE

Né le 27 juillet 1563, de Gaucen et de sa seconde femme Isabeau du Ranc de Vibrac, *Pierre* se maria par contrat [1] du 24 février 1593, avec *Jeanne* DE ROYS [2] fille de feu *François*, écuyer, et de feu *Marguerite* DE PINHAN, habitant le lieu de Maruéjols-lès-Gardon ; le mariage devait être célébré en l'église réformée. La future était assistée de noble Jacques de Roys, son oncle, de Anne de Pinhan, sa tante, de noble P[re] de Roys, son frère et de Pierre Deleuze, docteur ès droits, seigneur d'Argentières, son cousin. Jeanne de Roys reçut en dot 633 écus, deux tiers, valant 60 sols, 2 robes nuptiales et une paire coffres bahut. Le contrat passé à Anduze, fut signé par noble Bernardin du Ranc, sieur de Vibrac, sires Pierre et Raymond de la Farelle, oncles du futur, Jacques et Daniel de la Farelle, ses frères.

De son mariage, Pierre II n'eut que deux enfants :

1. *Pierre III* qui suit ;
2. *Marguerite*, née le 7 avril 1611.

---

1. Jean Mote, not. à Anduze. reg. 1593, f° 89.

2. *De Roys*, porte : D'azur à l'aigle éployée à deux têtes d'or. (L. DE LA ROQUE, *Annuaire du Languedoc*, t. II, p. 34).

X

PIERRE III DE LA FARELLE

Nous ignorons l'époque de la naissance de *Pierre III ;* nous savons seulement qu'il épousa, par contrat [1] passé à Caveirac le 6 février 1618, *Jeanne* DE ROBERT, fille de feu noble Pierre de Robert, seigneur de Caveirac, et de feu Françoise de Carles ; la dot était de 4000 livres et deux coffres bahut.

De ce mariage naquirent :

1. *Antoine* qui suit ;

2. *Tiphène*, citée au testament [2] de Tiphène de Robert sa tante, en 1662.

3. *Robert*, qui se maria par contrat [3] du 7 février 1648, avec *Madeleine* ROBERT, fille de Firmin et de feu Anne Marion ; par acte du 13 novembre 1655, il vendit à son frère Antoine sa métairie de Cantegalias [4].

4. *Jacques*, qui testa le 4 octobre 1647 [5], faisant son héritière universelle Jeanne de Robert, sa mère.

5. *Françoise*, femme de *Jean* MALACHANE.

---

1 Marcelin Bruguier, not. à Nimes, reg. 1618, f° 85, v. *(Arch. dép. du Gard*, E 165).

2. Jean Rodier, not. à Anduze, reg. 1662, f° 175.

3. Isaac Alphonse, not. à Anduze, reg. 1648, f° 25.

4. *Notariat d'Anduze.*

5. Isaac Alphonse, loc. cit., an. 1647, f° 89, v.

XI

ANTOINE DE LA FARELLE

Antoine naquit à Anduze, le 9 février 1619. Il fut marié au château de Toiras, par contrat [1] du 29 novembre 1652, avec *Magdeleine* DES VIGNOLLES [2], fille de feu Jacques et de Magdeleine de Cazeneuve (Cazenove) du consentement de sa mère, de Robert de la Farelle, son frère et de Jean Malachane, son beau-frère; la future, autorisée par Henri Cazenove, son oncle et curateur, Jacques Ducros et Catherine de Vignolles, mariés, ses oncle et tante, Pierre Goujoux et Jean Cazenove, ses oncles, et François de Vignoles, son cousin.

Madeleine de Vignolles se constitue en dot tous ses biens. Antoine reçoit de sa mère la donation de la quatrième partie de ses biens. Parmi les personnes présentes nous remarquons David Fontanes [3], bourgeois d'Anduze, Me André Rafin, procureur au présidial de Nimes.

Antoine eut de nombreux enfants :

1. *Jean*, né le 5 avril 1656. — 2. *Jean-Louis* le 7 novembre 1658 ; — 3. *Marguerite*, le 25 août 1660 ; — 4. *François*, le 5 février 1666 ; — 5. Autre *François*, le 6 avril 1672. — 6. *Pierre*, le 9 juillet 1674 ; — 7. *Vignoles*, qui suit ; — 8. *Pierre*, né le 1er avril 1683, mort le 31 août suivant.

---

1. Pierre Lavernye, not. à Anduze, 1652-1653, fᵒ 125.
2. *De Vignolles* avait pour blason : *D'or à une souche au naturel, feuillée de sinople à deux raisins pendants au naturel.* (L. DE LA ROQUE, *Arm. de Languedoc*, t. II, p. 36).
3. Probablement l'un des aïeux du grand maître de l'Université de Napoléon Ier.

XII

VIGNOLLES DE LA FARELLE

Baptisé à Anduze le 15 septembre 1677, il mourut dans la même ville, le 10 février 1723.

Il avait épousé le 15 février 1703, *Clermonde* DE RODIER, qui mourut à Anduze, le 23 février 1750, à l'âge de 70 ans [1], et qui le rendit père de :

1. *Isaac*, né le 13 décembre 1703 ;

2. *Louise*, née le 16 novembre 1704 ; elle se fit admettre en 1728 au couvent du Verbe incarné d'Anduze ; sa mère ne voulant pas payer la dot de sa profession, un ordre du roi l'y obligea [2] ;

3. *Jeanne*, née le 7 janvier 1706 ;

4. *Claire*, baptisée le 23 janvier 1707 ;

5. *François*, qui continue la descendance.

6. *Jean*, né le 23 août 1711 ;

7. *Marie*, le 27 mars 1713 ;

8. *Suzanne*, le 4 juin 1714 ;

9. *Madeleine*, le 14 décembre 1715 ;

10. *Angélique*, le 26 juin 1718, morte le 11 août 1720 ;

11. *Elisabeth*, née le 20 décembre 1716 ;

12. *Catherine*, le 4 juin 1720.

---

1. *Archives du Présidial de Nimes.* — Reg. des inhumations des non-catholiques d'Anduze.

2. *Archives départ. de l'Hérault*, C, 412.

XIII

FRANÇOIS VIGNOLLES DE LA FARELLE

François, né à Anduze, y fut baptisé le 5 août 1708. Marié le 13 novembre 1739, à *Jeanne* GAILLERE, il en eut seize enfants, neuf fils et sept filles. Son dixième enfant, *François-Frédéric*, continua la descendance.

XIV

FRANÇOIS-FRÉDÉRIC DE LA FARELLE

Né le 10 juillet 1750, il mourut à Anduze le 10 septembre 1821. Il se maria avec *Marguerite-Jacquette* FALGUEIRETTE DE REBOURGUIL, morte le 14 août 1837, fille de Jacques et d'Elisabeth Seymandi.

François-Frédéric fut père de :

1. *Frédéric-Félix*, né le 9 octobre 1793, mort le lendemain ;
2. *Françoise-Suzanne-Elisabeth*, née le 8 Floréal an V ;
3. *François-Félix*, qui continua la descendance.
4. *Louis-Frédéric-Numa*, né en l'an X, mort le 20 thermidor an XII.

XV

FRANÇOIS-FÉLIX DE LA FARELLE

François-Félix naquit à Anduze, le 7 mai 1800. D'abord avocat au barreau de Millau (Aveyron), il entra ensuite dans la magistrature comme substitut du procureur du roi, mais il démissionna en 1830.

Elu député en 1842, réélu en 1846, il se retira en 1848, de la vie politique, et se livra à l'éducation de ses enfants, et à des études philosophiques et littéraires qui l'avaient toujours passionné ; il fut reçu, le 7 décembre 1839, membre de l'Académie du Gard.

« Comme publiciste, a dit son biographe, M. de la Farelle a été économiste, historien, légiste, philosophe, et sur toutes ces matières, écrivain d'un style vraiment remarquable [1]. »

Voici la nomenclature de ses principaux ouvrages :

Du Progrès social, au profit des classes populaires non indigentes, Paris, Audin 1839. (Cet ouvrage lui valut en 1839, le prix Monthyon et le fit nommer correspondant de l'Institut, dont il devint l'un des membres, le 24 janvier 1846).

L'origine et la nature du gouvernement représentatif, 1839.

Etudes historiques sur le Consulat et les institutions municipales de la ville de Nimes, suivies d'un *Mémoire sur son passé industriel,* in-8°, Nimes 1841.

---

1. IRÉNÉE GINOUX. *Notice biographique sur M. F.-F. de la Farelle.* — *(Mémoires de l'Académie du Gard,* 1876, p. XXX).

Etude sur les institutions politiques, municipales et économiques de l'ancienne province du Languedoc, Paris, in-8°, 1857.

Du spiritualisme chrétien, travail consacré à l'éducation de mes enfants.

M. de la Farelle mourut à Nimes, le 18 février 1872. Avec lui s'éteignit le dernier représentant mâle de la famille.

Il avait épousé le 26 avril 1826, *Suzanne-Pradine-Nancy* DE SALTET, qui le rendit père de :

1. *Jacquette-Louise*, née à Nimes le 31 août 1831, mariée dans la même ville, le 6 mars 1850, avec *Ferdinand-Auguste-Emile* FORNIER DE CLAUSONNE, né à Nimes le 8 janvier 1817, fils de Louis-Barthélemy-Gustave Fornier de Clausonne baron de Lédenon et de Jeanne-Florestine-Evelina Girard ;

2. *Françoise-Pauline*, née à Nimes le 6 novembre 1832, mariée à *Marie-Edouard* MAZARS DE MAZARIN.

BRANCHE CADETTE DU PREMIER RAMEAU

IX bis

Daniel DE LA FARELLE, deuxième fils de noble Gaucen, et d'Isabeau du Ranc de Vibrac, était né à Anduze, le 27 juillet 1563. Il y épousa Marie Edieve, fille de Guillaume, docteur en médecine.

De ce mariage naquirent :

1. *Guillaume*, né le 17 mars 1601 ; — 2. *Raymond*, le

18 mars 1603 ; — 3. *Marie*, le 10 avril 1610 ; — 4. *Charles*, le 1er juillet 1612 ; — 5. *Jean*, le 10 octobre 1620 ; — 6. *Jacques*, qui suit.

X

JACQUES DE LA FARELLE

Jacques, dont nous ignorons la date de la naissance, est indiqué comme fils de Daniel, dans les minutes notariales d'Anduze [1]. Il épousa, d'après le contrat de mariage de Jean, son fils, *Claudine* DE BOUSQUET, dont il eut :

1. *Jean*, qui suit ;
2. *François*, dont la destinée nous est inconnue.

XI

JEAN DE LA FARELLE

Jean, docteur en médecine se maria, par contrat passé au château de Candiac [2], le 12 avril 1657, avec *Marie* IMBERT, fille de *Jean*, et de feu *Claudine* DE LA FARELLE. Jean contractait ce mariage du consentement de Jacques, son père, de sa mère, d'Etienne Edieve, docteur en médecine, son oncle ; et la future de celui de son père, d'Henri de Baudan, ministre, son beau-frère, de Louis de la

---

1. Notamment dans un acte de 1637.
2. A. Rempié, not. à Vauvert, reg. 1655-1657, f° 61.

Farelle, son oncle, de Pierre Pierredon et Antoine de Saurières, ses cousins-germains.

Marie Imbert mourut à Anduze, le 1ᵉʳ novembre 1724, âgée de 94 ans.

Elle laissa les enfants suivants :

1. *Jean-Louis*, docteur en médecine, né le 29 janvier 1658, mort le 12 février 1708 ;
2. *Jacques*, né le 1ᵉʳ septembre 1659. — 3. *Claudine*, le 12 août 1661. — 4. *Louis*, né le 14 décembre 1664, docteur en médecine, aide-major de cavalerie, mort le 13 juin 1715 ; il avait épousé *Louise* Teissier, qui mourut à Anduze le 6 février 1730. — 5. *Imbert*, qui continue la descendance. — 6. *Henri-Etienne*, né le 12 janvier 1670, émigra après la révocation de l'édit de Nantes, et devint en 1732, aide-de-camp de Frédéric Guillaume Iᵉʳ, roi de Prusse [1], il mourut à Berlin en 1754. — 7. *Marie*, nommée au contrat de mariage de François, son neveu (1740). — 8. *Flore*, qui s'unit le 18 septembre 1709, à *Jean-Pierre* de la Farelle, du 3ᵉ rameau d'Anduze.

XII

IMBERT DE LA FARELLE

Né le 2 juin 1666, *Imbert* prit la carrière des armes et devint lieutenant de cavalerie ; il mourut à Anduze le 25 septembre 1756. Il avait épousé le 2 septembre 1721, *Antoinette* Rodier, fille de feu Jean, docteur en médecine et

---

1. L. de la Roque. *Annuaire hist. et généal. de la province de Languedoc.* — 1861, p. 30.

de Lucrèce de Daunant. Antoinette fit son testament le 4 juillet 1735, et mourut à Anduze le 6 mai 1736, à l'âge de 46 ans.

Imbert ne laissa que deux enfants :

1. *François*, qui suit ;

2. *Henri*, baptisé le 30 mai 1725. Son oncle Henri-Etienne, l'appela en Prusse auprès de lui (1737), le fit admettre à l'école des cadets. Le roi le plaça dans les grands mousquetaires où il devint capitaine [1]. A l'époque de l'édit de tolérance, il rentra en France, et mourut à Anduze le 10 août 1815.

XIII

FRANÇOIS DE LA FARELLE

François naquit à Anduze le 23 août 1723, il épousa dans cette ville le 17 août 1741, (contrat du 23 juillet 1740) [2], *Angélique* DE BROUZET, fille d'Antoine et de Marie-Françoise de Galian, et qui décéda le 7 mai 1749, à l'âge de 27 ans.

François avait eu quatre enfants :

1. *François*, qui suit ; — 2. *Marc-Antoine*, né le 9 mars 1744 ; — 3. *Marie-Rose*, le 16 janvier 1747 ; — 4. *Louise*, le 25 avril 1749.

---

1. L. DE LA ROQUE. *Annuaire hist. et généal. de la province de Languedoc.* — 1861, p. 30.
2. Nicolas Roquier, not. à Anduze, reg. 1740, f° 332.

XIV

FRANÇOIS II DE LA FARELLE

Né à Anduze le 16 janvier 1742, il s'y maria avec *Elisabeth* Teissier, de laquelle il eut :

Antoine-François DE LA FARELLE.

D'après ses états de service communiqués par le ministère de la guerre, Antoine-François naquit à Anduze, le 24 décembre 1767. Il fut soldat au bataillon des côtes du Gard, en août 1793 ; adjoint surnuméraire du génie, à Aire, en mars 1794 ; employé à l'armée du Nord, le 6 juillet 1794 ; adjoint titulaire, le 1er septembre de la même année ; capitaine du génie de 2e classe, le 2 février 1795 ; chef du génie à Dunkerque en 1795 ; à Lyon, en 1797 ; à Alais, en mars 1798 ; à St-Omer, en octobre ; à Dunkerque, en décembre de la même année ; capitaine de 1re classe, le 22 novembre 1799 ; chef du génie à Toulouse, le 21 avril 1802 ; à Nimes, en mai 1803 ; à l'armée des côtes de l'Océan, en 1804 ; à la grande armée, le 29 août 1805 ; autorisé à rentrer en France le 3 janvier 1807.

Il mourut à Paris le 7 décembre de cette année. Il avait fait les campagnes de l'armée du Nord (1794 et 1795), celle de l'armée des côtes (1803 et 1804), et celles enfin de la grande armée (1805 et 1806).

Il était chevalier de la Légion d'Honneur depuis le 14 mars 1806 [1].

---

1. *Arch. du Ministère de la Guerre.*

DEUXIÈME RAMEAU

VIII

PIERRE I DE LA FARELLE

Pierre, second fils de Légier et de Marguerite du Vray, fut mariée à Anduze, par contrat [1] du 27 mars 1559, avec *Catherine* AUQUIER, fille de noble N. Auquier et de Catherine Bocaud. Dans cet acte intervinrent ladite Catherine Bocaud et noble Antoine Auquier, son fils, qui constituèrent à leur fille et sœur trois cents livres de dot et quatre robes nuptiales, l'une en *drap rouan*, la seconde *visconte* et les deux autres *gonelles drap rouge et violet*. Noble Légier de la Farelle donne, à son fils, cent livres et tous les biens qu'il a acquis déjà et qu'il acquerra à l'avenir, promettant de l'émanciper.

A ce mariage furent présents : messires François d'Ayrebaudouse, baron d'Anduze, Jean Sabatier, prieur de Crieulon, maître Jacques Deleuze, juge d'Anduze et Jean Borrit, trésorier de la compagnie du comte de Tende.

Légier de la Farelle fit à Pierre, son fils, le 5 novembre 1561, la donation d'un jardin situé près d'Anduze [2].

Pierre de la Farelle transigea avec son frère aîné, noble Gaucen de la Farelle, héritier universel de Légier et de Marguerite du Vray, leurs père et mère, touchant ses droits de légitime. Gaucen lui paya la somme de 175 livres et lui laissa le jardin que leur père lui avait donné [3].

---

1. Ant. Deleuse, loc. cit. Reg. 1559, f° 5.
2. Et. de Cantalupa, not. à Anduze, reg. 1561, f° 72.
3. Ant. Deleuse, loc. cit., reg. 1571, f° 121.

Pierre fit son testament le 19 janvier 1574; par cet acte il lègue aux pauvres de l'église réformée, 15 livres; à Elisabeth, Madeleine et Jeanne ses filles 400 livres, et deux robes n'excédant pas 40 livres; à Catherine Auquier, sa femme, 440 livres; à Elisabeth du Plan, fille de feu Marguerite, sa sœur, 10 livres. Il fait son héritier universel le premier posthume mâle, et à défaut Pierre de la Farelle, fils de son frère Jacques, avocat, à Nimes [1].

Pierre eut de son mariage les enfants suivants :

1. *Elisabeth*, nommée au testament de son père;
2. *Madeleine*, baptisée le 18 janvier 1567.
3. *Anne* ou *Jeanne*, baptisée le 31 octobre 1572.
4. *Jean*, baptisé le 19 octobre 1574;
5. *Fulcrand*, qui suit;
6. *Loys*, baptisé le 21 mars 1588.

IX

FULCRAND DE LA FARELLE

Fulcrand naquit à Anduze, le 5 février 1584 et se maria avec *Antoinette* BRUNEL. Il testa [2], le 27 juillet 1618 et mourut à Toulouse en décembre 1622 [3]. Sa femme fit son testament le 20 janvier 1640.

De son mariage Fulcrand laissa :

---

1. Ant. Malian, not. à Nimes, reg. 1574, f° 285.
2. Elzière, not. à Nimes.
3. De Sostella, not. à Anduze, reg. 1623, f° 25.

1. *Pierre*, né le 5 juillet 1610, mort *ab intestat* avant 1645.

2. *Isaac*, qui suit ;

3. *Madeleine*, morte *ab intestat* avant 1648 ;

4. *Marie*, qui se maria en secondes noces avec Joseph Boni ;

5. *Jean*, mort *ab intestat* avant 1645 [1].

X

ISAAC DE LA FARELLE

Né le 27 janvier 1618, il épousa *Jeanne* IMBERT, qui mourut à Anduze, le 2 Juin 1693, à l'âge de 83 ans. Leurs enfants qui suivent ne laissèrent, à ce nous croyons, aucune postérité ;

1. *Madeleine*, née le 1er avril 1647 ; — 2. *Gabriel*, le 11 mars 1649 ; — 3. *Diane*, le 19 octobre 1652 ; — 4. *Antoine*, le 7 septembre 1653 ; — 5. *Jean*, le 31 décembre 1655 ; — 6. *Nicolas*, le 30 septembre 1657 ; — 7. *Louise*, le 12 décembre 1661.

1. J. Massanes, not. à Anduze, reg. 1645.

VIII

RAYMOND DE LA FARELLE

Raymond DE LA FARELLE, quatrième fils de Légier et de Marguerite du Vray, transigea [1] le 21 février 1572 avec Gaucen son frère, au sujet de sa légitime, qui fut évaluée à 250 livres. Raymond habita pendant quelques années la ville de Frontignan ; il fut premier consul d'Anduze, en 1588 [2].

De son mariage avec *Jeanne* BERMOND, contracté avant 1563, il laissa trois enfants.

1. *Marie,* baptisée le 20 juillet 1563, femme d'*Ozias* DE SAURIÈRES.

2. *Jean,* baptisé le 21 novembre 1564 ;

3. *Pierre* (né le 7 juillet 1569), qui suit.

IX

PIERRE DE LA FARELLE

Pierre obtint la charge de garde pour le roi du grenier à sel d'Anduze. Il fut nommé plusieurs fois premier consul de cette ville, en 1613, 1617 et 1621 [3].

---

1. Ant. Deleuse, loc. cit., reg. 1572, f° 102.

2 et 3. J.-P. HUGUES. *Hist. de l'Eglise Réformée d'Anduze,* p. 127, 197, 210, 213.

Pierre épousa, par contrat [1] du 17 novembre 1590, *Jeanne* Rovière, fille de feu Pierre et de Jacquette de Freton ; la dot de la future était de 2000 livres ; Raymond et sa femme donnèrent à leur fils 600 livres et la moitié de tous leurs biens.

Pierre de la Farelle et sa femme firent une donation à Pierre, leur fils, en vue de son mariage (12 avril 1633).

Ils eurent les enfants suivants :

1. *Jacquette*, baptisée le 12 août 1591 ;

2. *Pierre*, garde alternatif du grenier à sel d'Anduze avant 1633 ; il était possessionné dans les paroisses de Veirac et d'Attuech, où il possédait les métairies de Cabanolles et de la Fargesse. Il testa le 15 juin 1653 [2], et mourut le 9 septembre suivant. Il avait épousé, par contrat du 12 avril 1633 (Mᵉ Corbette, notaire) Thomasse d'Unal, fille de Etienne Unal et d'Antoinette de Caladon.

De ce mariage naquirent :

a. *Pierre*, le 23 avril 1643 ; — b. *Jean*, le 4 janvier 1648; c. *Charles*, le 14 novembre 1650 ; — 4. *Antoinette* ; — 5. *Jeanne* ; — 6. *Louis*.

Nous trouvons, en 1737, *Etienne* de la Farelle, habitant du *mas de la Fargesse*, fils de Pierre et de Jeanne Ducros ; il se maria le 22 novembre de cette année avec *Isabeau* Gauthier [3].

Il est probable que cet Etienne devait être un descendant des fils de Pierre et de Thomasse d'Unal.

3. *Isaac*, né le 23 février 1597 ;

4. *Louise*, née le 3 juin 1598, femme : 1º de *André* Malbos ; 2º de *Pierre* de Pontier, capitaine ;

1. Et. de Cantalupa, not. à Anduze, reg. 1590.
2. Jean Rodier, not. à Anduze, reg. 1653, fᵒ 145.
3. Nicolas Roquier, not. à Anduze, reg. 1737, fᵒ 489, v.

5. *Charles*, né le 8 mai 1604, vivant en 1645 ;

6. *Elisabeth*, née le 24 janvier 1609 ;

7. *Claudine*, né le 3 juillet 1610, femme par contrat du 30 novembre 1627 de *Jean* IMBERT, fils de François et de Marie Fontanes [1].

8. *Louis*, qui continua la descendance ;

9. *Ozias*, bapt. le 17 octobre 1600 ;

10. *Jeanne*, femme de *Pierre* PIERREDONS [2].

X

LOUIS DE LA FARELLE

Né le 13 avril 1615, *Louis* épousa, par contrat [3] du 10 février 1645, *Magdelaine* COURANT, fille de feu Louis, ministre, et de Jeanne Daymes, du consentement de sa mère et de Charles de la Farelle, son frère. La future reçut 1500 livres de dot.

De ce mariage naquirent :

1. *Jeanne*, née le 26 février 1648 ; — 2. *Marie*, le 24 novembre 1649 ; — 3. *Louise*, le 16 octobre 1651, morte le 5 juillet 1710 ; — 4. *Antoine*, né le 25 septembre 1653 ; — 5. *Magdelaine*, le 13 décembre 1655 ; — 6. *Jean-Pierre*, qui suit ; — 7. *Lucrèce*.

---

1. Pierre Lavernye, not. à Anduze, reg. 1627, f° 464, v.
2. Jean de Sostella, not. à Anduze, reg. 1621, f° 51.
3. Isaac Alphonse, not. à Anduze, reg. 1645, f° 26.

XI

JEAN-PIERRE DE LA FARELLE

Jean-Pierre naquit le 24 novembre 1663, fit son testament [1] le 10 janvier 1735 et mourut le 19 juillet 1738 [2].

Il se maria deux fois, 1° le 15 février 1703 avec *Marie* D'ALPHONSE ; 2° le 18 septembre 1709, avec *Flore* DE LA FARELLE [3], fille de Jean, docteur en médecine et de Marie Imbert.

Du premier lit naquit :

1. *Louis*, baptisé le 16 décembre 1703, mort le 5 août 1709 ;.

Du deuxième lit :

2. *Louis*, né le 15 juin 1710, mort le 25 juillet 1715 ;

3. *Jeanne*, baptisée le 23 décembre 1713, morte jeune ;

4. *Henri*, qui suit ;

5. *Louis*, né le 24 décembre 1717, décédé le 12 décembre 1724.

XII

HENRI DE LA FARELLE

Il naquit à Anduze le 9 avril 1715, et testa le 19 mai 1744 [4]. Il avait épousé par contrat [5] du 21 février 1740,

---

1. Codur, not. à Anduze, reg. 1738, f° 529.
2. *Arch. du Présidial*, reg. d'Anduze.
3. Elle mourut à Anduze, le 26 avril 1751, à 80 ans.
4. Julian, not.
5. Nicolas Roquier, not. à Anduse, reg. 1740, f° 99.

Marguerite DE FONTANIEU, fille de Pierre, avocat, et d'Isabelle de Béringuier, du lieu de Saint-Bauzile, diocèse d'Uzès.

De ce mariage, une fille : *Elisabeth-Flore* DE LA FARELLE, née le premier janvier 1742, femme le 9 février 1762 (contrat [1] du 8 décembre 1761), de messire *Jean-Louis* DE BOISSON, seigneur DE BAGARDS, fils de feu noble Marc-Antoine, et de Rose de Galian.

QUATRIÈME RAMEAU

VIII

NICOLAS DE LA FARELLE
SEIGNEUR DE LA BLAQUIÈRE

Cinquième fils de Légier et de Marguerite du Vray, *Nicolas* acquit la co-seigneurie de la Blaquière [2]. Il transigea, le 13 mars 1577, avec Gaucen, son frère, qui lui compta la somme de 250 livres [3].

Nicolas se maria, par contrat [4] du 21 avril 1577, avec *Louise* DU CROS, veuve de noble Beringuier de Bilanges. Il testa le 19 août 1580 [5].

De son mariage il eut :

---

1. J. Teissier, not. à Anduze, reg. 1761, fº 478.

2. Les D'AXREBAUDOUSE d'Anduze possédaient aussi la co-seigneurie de la Blaquière.

3. Et. de Cantalupa, not. d'Anduze, reg. 1577, fº 88, v.

4. Ibid, fº 107.

5. Ant. Malian, not. à Nimes, reg. 1580, fº 430.

1. *Robert*, seigneur de la Blaquière, docteur ès-droits, qui vivait encore en 1651 ; il assista à tous les contrats de mariage et aux actes les plus importants passés par ses cousins et cousines des autres rameaux de la branche d'Anduze. Nous ignorons s'il fut marié. En tous cas, nous voyons Antoine Alphonse, docteur et avocat, major de la milice bourgeoise d'Anduze, seigneur de la Blaquière, son petit-neveu, faire enregistrer ses armes dans l'armorial de 1696.

2. *Madeleine*, mariée à *Théophile* ALPHONSE, docteur ès-droits d'Anduze, plus tard lieutenant de Viguier.

Elle testa les 26 juillet 1620 [1] et 22 octobre 1644 [2].

FIN

1. Jean de Sostella, not. à Anduze, reg. 1620, f° 101, v.
2. P. Alméras, not. à Anduze, reg. 1644, f° 182, v.

TABLE

INDEX ALPHABÉTIQUE

DE L'OUVRAGE

LA FAMILLE DE LA FARELLE

DE M. Prosper FALGAIROLLE

INDEX ALPHABÉTIQUE

des noms de personnes et de lieux [1]

[1] Les chiffres suivis de la lettre *n* renvoient aux notes de chaque page.

— x —

www.ingramcontent.com/pod-product-compliance
Lightning Source LLC
Chambersburg PA
CBHW052203270326
41931CB00011B/2218